AF312256

LES CRIMES

DE

MARIE-ANTOINETTE D'AUTRICHE

DERNIÈRE REINE DE FRANCE,

AVEC LES PIÉCES JUSTIFICATIVES DE SON PROCÈS.

Pour servir de supplément aux premières éditions des Crimes des Reines de France.

PUBLIÉS PAR L. PRUDHOMME.

Prix 25 sols broché, et 30 sols franc de port.

A PARIS,

AU BUREAU DES RÉVOLUTIONS DE PARIS,

RUE DES MARAIS, N°. 20. F. S. G.

AN II DE LA RÉPUBLIQUE, UNE ET INDIVISIBLE.

CRIMES

DE

MARIE-ANTOINETTE D'AUTRICHE,

DERNIÈRE REINE DE FRANCE.

DE tous les fléaux qui désolent la terre, le plus grand, le plus honteux est le despotisme d'un seul, quand le despote est une femme, ou mené par une femme; Catherine, l'impératrice de Russie, et Marie-Antoinette, épouse du dernier roi de France, ne l'ont que trop prouvé. Celle-ci eut pour mère cette Autrichienne, si connue en France sous le nom exécré de *reine de Hongrie*. Pouvoit-on s'attendre à quelques vertus de la part d'Antoinette, qui ne sortit de l'école de Thérèse que pour passer sous la férule de deux prêtres, Rohan et Vermond, et dans les bras d'un Bourbon, plus stupide encore que François, le mari de sa mère?

Remarquons l'enchaînement des vicissitudes humaines. A quoi tenoit-il que nous ne soyons encore aujourd'hui courbés sous le joug d'un roi? Au sortir du règne le plus dissolu, le

Crim. des rein. de Fr.　　　　　　　E e

plus dilapidateur, qu'on suppose Louis XVI recevant pour compagne une princesse vertueuse, économe et douce, qui ne se croit que la première citoyenne de l'état, jalouse de servir de modèle à son sexe, et de mériter tous les respects de l'autre ; une princesse qui, renfermée dans le cercle étroit et paisible de ses devoirs domestiques, inspire au père de ses enfans l'amour de l'ordre, la haine des flatteurs et l'éloignement pour toute intrigue ; une princesse douée d'un caractère heureux, qui lui eût donné assez d'ascendant sur l'esprit de son royal époux pour le détourner des mesures tyranniques et perfides qui ont conduit Capet à l'échafaud. Si princesse de ce mérite eût été dans la classe des choses possibles, c'en étoit fait de la France libre ; la nation, indulgente et sensible, en avoit peut-être encore pour plus d'un siècle à végéter, flétrie sous le sceptre d'un maître. Quelques bonnes œuvres, semées autour du trône, l'auroit garanti de la foudre populaire ; on eût pardonné à la royauté, en faveur de quelques sentimens louables dont nous aurions tenu compte au monarque ; et la liberté eût été encore une fois ajournée.

Félicitons-nous à présent de ce que les attentats publics d'une Antoinette d'Autriche ont succédé au gaspillage de la Dubarry. Le règne d'une princesse scélérate, remplaçant celui d'une fille publique, mit le comble à la somme d'iniquités que le peuple, toujours équitable, sembloit attendre pour exercer sa justice souveraine, trop long-temps suspendue. Ainsi, dans la société civile comme dans la nature, quelquefois l'excès du mal en est le remède.

Antoinette entre en France en 1770 ; et le premier pas qu'elle y fait, cause la mort à plusieurs centaines de citoyens. L'accident affreux de la ci-devant place de Louis XV, aux fêtes du mariage de Louis XVI, présageoit-il tout le sang qui devoit couler par les ordres et pour les intérêts de ce couple monstrueux ?

Et comment désigner autrement l'association de deux êtres sans entrailles, qui n'ont rien fait pour réparer, autant qu'il étoit en eux, la catastrophe horrible arrivée à leur occasion ? Antoinette de retour à Versailles, le lendemain, a déjà tout oublié : la voilà qui se livre à toutes les dissipations d'une jeunesse sans frein.

Une plume républicaine, et qui respecte ses lecteurs, se refuse à souiller les pages de l'histoire, du récit des turpitudes commises dans le cours des premières années du règne de

Marie-Antoinette ; qu'il nous suffise de vouer à la malédiction des siècles à venir les noms des personnages, agens et complices des crimes privés de la femme Capet : Dillon et Coigny, Lambesc, Lausun et Jersen, Vaudreuil et Bièvre, la Guémené, la Lamballe et la Polignac, la Montensier, directrice de théâtre, la Bertin, faiseuse de modes, le coëffeur Leonard, Bézenval, Campan et Bazin, Breteuil et Terray, Clugny et Calonne ;.... la faveur de tous ces bas valets suffit pour servir de témoignage aux mœurs de leur maîtresse, et indique assez les causes de ce déficit énorme qui poussa le peuple français à bout. Les courses d'ânes et de chevaux, les proverbes orduriers, joués à grands frais dans les petits appartemens de Versailles et de Trianon, les sommes prodiguées pour payer le vice, faire taire la vérité et claquemurer la vertu, les fêtes clandestines, les caprices ruineux d'une cour blasée et insatiable de jouissances ;...... tous ces détails ne doivent pas entrer ici, et tenir la place du récit rapide des crimes publics de l'étrangère.

Le premier de tous, est cette dilapidation scandaleuse et perfide de la fortune nationale, dont Antoinette disposoit avec impudence en faveur du tyran Joseph II, son frère, bien avant la révolution française , pour l'aider à faire avorter celle des Pays-Bas. L'autrichienne y trouvoit à remplir à la fois deux de ses vœux les plus chers ; elle payoit les frais d'une guerre impie contre les patriotes du Brabant ; & achevoit la ruine d'un peuple hospitalier , dont elle avoit dans son cœur juré déjà la perte , prévoyant bien que le mépris ne tarderoit pas à succéder à l'engouement qu'avoient produit les premiers mois de son séjour en France. En outre , ses goûts équivoques et volages provoquoient des dépenses journalières , qu'on acquittoit , n'importe à quel prix : le choix des moyens n'embarrassoit jamais. Le supplice des Danaïdes (1) étoit , pour ainsi dire , l'emblême de la conduite d'Antoinette.

Le renvoi du vertueux Turgot est le second de ses crimes , et dut d'autant plus effrayer les amis du bien public , que cette disgrace , prononcée contre le plus intègre et le plus éclairé des ministres , ne laissoit plus de doute sur l'ascendant que le mauvais génie de la reine prenoit sur l'esprit de son royal

---

(1) Ces cinquante filles de roi , meurtrières de leurs maris , moins une , sont condamnées , dans le Tartare, à remplir d'eau des paniers percés.

et sot époux. De ce moment, la main de l'étrangère puisa, sans retenue, dans les coffres de la nation ; et le besoin d'une crise politique se fit sentir pour tous les partis.

C'est ici que nous allons voir ce que nos neveux auront peine à se figurer : une femme, luttant presque seule contre toute une nation, et entravant pendant quatre années la marche d'une grande révolution qui auroit pu s'accomplir en quatre mois. Il ne s'agissoit, aussitôt la Bastille prise, le 14 juillet au soir, que de se porter la nuit même au château de Versailles, et de le réduire en cendre, après avoir fait main-basse sur le despote, sa famille et toute sa cour, ainsi que sur les deux ordres insolens qui avoient disputé le pas au peuple-souverain dans l'assemblée nationale ; puis, de suite, aller secouer dans chacune des provinces le flambeau de l'insurrection, et immoler en quelques jours tous les aristocrates dont nous n'avons cessé de faire justice depuis ce moment ! c'en étoit fait : l'esprit de terreur et notre exemple eussent délivré toute l'Europe des brigands couronnés contre lesquels nous sommes obligés de guerroyer encore aujourd'hui. La liberté de tout le globe n'eût été qu'un coup de main, et n'eût coûté que le temps et la peine de le parcourir.

Mais, revenons à Marie-Antoinette ; et suivons-là dans les principales époques de nos annales révolutionnaires , depuis l'assemblée des notables jusqu'au moment de son dernier supplice ; écoutons - là dire à son mari perplexe.: On nous a mal conseillés ; en recourant aux notables , nous nous sommes liés les mains , et on nous mènera plus loin que nous ne voudrons. Craignons aussi que cette liberté de tout dire , que ton conseil d'état vient d'accorder à la nation , ne nous oblige bientôt à tout entendre et à tout souffrir ; la liberté de la presse nous tuera. On nous demande à grands cris la convocation des états-généraux : nous serons encore forcés d'en passer par-là ; mais nous, de notre côté, convoquons nos troupes ; ayons du moins toute la force armée à notre disposition ; plus habiles que le cardinal de Richelieu , abandonnons la noblesse, livrons le clergé au peuple ; quand la bête féroce nous aura délivré de ces deux ordres, qui portoient ombrage au trône , le monarque n'en sera que plus absolu, et la nation plus obéissante.

L'instinct grossier du peuple fut suffisant pour déjouer cette politique profonde ; il fraternisa avec l'armée , et cela seul détermina la révolution en sa faveur ; il eut tout à la fois de son côté la nature, la raison, la force et les vertus sociales. Il ne resta à Marie-Antoinette que la ressource du crime, et elle en usa sans réserve avec toute l'opiniâtreté, toute l'effronterie d'un être né pour le mal. Elle fut l'ame de tous les complots, le nœud de toutes les intrigues, le foyer de toutes ces horreurs qui nous ont inspiré cette forte haine de la royauté, que nous laisserons pour héritage à nos enfans. Ce fut elle qui conçut le projet d'affamer Paris pour le réduire, ou d'en faire le siége à boulets rouges, s'il s'avisoit d'opposer résistance à oppression. Montmartre conserve encore les traces de ce plan, exécuté jadis par Néron, dans Rome, et digne de la cour de Capet - d'Autriche. Ce fut elle qui arrangea ce festin qui devoit être le signal d'une Saint - Barthélemy des Parisiens, en mettant aux prises les troupes de ligne avec les gardes nationales. Ce fut à cet horrible banquet qu'Antoinette répéta mal-adroitement, mais dans d'aussi perfides intentions, cette scène qui avoit si bien réussi à sa mère, quand celle-ci, pour s'attacher les bataillons hongrois, qui paroissoient vouloir secouer le joug, passa dans leurs rangs, tenant entre ses bras son fils Joseph II, de tyrannique mémoire. Antoinette, par ce manège usé, ne put gagner à elle que ses gardes, voués à l'esclavage, et dignes du sort que le peuple de Paris leur préparoit.

Ce fut Marie-Antoinette qui, dans la rage de n'avoir pas obtenu le même succès que Marie-Thérèse, conseilla, au 5 octobre, le départ pour Metz, au risque d'exposer son mari et ses enfans au juste ressentiment de toute la France, au risque d'en être elle-même la victime ; car elle avoit dit qu'elle se sacrifieroit volontiers, pourvu que le même coup qui l'eût frappé eusse anéanti une nation rebelle, c'est-à-dire, lasse de ses tyrans. Cependant, au moment de la catastrophe, ce grand caractère qu'elle avoit d'abord déployé avec affectation, se démentit : elle ne tint pas tête à l'orage, comme elle l'avoit promis. Tremblante, égarée, elle fut trop heureuse de s'être ménagé assez de temps pour se réfugier dans les bras de son mari, sachant bien qu'on n'avoit pour lui que du mépris, au lieu que la haine se mêloit au peu de cas qu'on faisoit d'elle. Antoinette ne fut donc qu'une comédienne, comme sa mère, et toutes les princesses ambitieuses, dont le nom souille les pages de l'histoire.

Les premiers momens de son séjour à Paris confirment l'idée qu'on avoit conçue de cette femme ; elle fit preuve des sentimens les plus bas. Une autre qui se fût respectée et eût su rougir, ne se seroit pas montrée aux yeux de toute une grande cité, pleine du bruit de ses forfaits. Antoinette brave l'opinion publique, et s'expose à entendre les vérités les plus dures, les plus humiliantes, prévenue d'ailleurs qu'elle n'avoit rien à risquer pour sa vie, de la part d'un peuple généreux. Aussi dissimulée que Catherine de Médicis, on la vit se faisant toute à tous, prendre, serrer, poser sur son cœur la main des citoyennes qu'elle auroit voulu étouffer ; et tantôt avec un faux serment, tantôt par des larmes feintes, presque toujours accompagnée de son enfant, qui lui servoit de rempart, elle cherchoit à capter la multitude débonnaire, dont elle méditoit la ruine totale, et à l'instant même où elle combinoit, de concert avec Lafayette, cette loi martiale, dont elle provoqua le décret en faisant assassiner le malheureux Français ; il est vrai qu'elle prit sous sa protection la veuve et les orphelins de sa victime. Ce trait révolte ; il peint bien la scélératesse des cours. Antoinette étoit coutumière du fait : ne l'a-t-on pas déjà vu tenir cette conduite atroce dans l'affaire du collier, désavouer lâchement ses agens,

et les abandonner à la justice , après avoir
acheté le silence des juges sur la cause première de cette basse intrigue ? Fidelle à son
système de dissimulation et de perfidie , ce
fut elle qui , tout en paroissant compâtir à
la misère du peuple , son ouvrage , tout en
faisant publier dans tous les journaux , qu'elle
retiroit à ses frais les hardes et le linge du
pauvre , engagés au Mont-de-Piété , diver-
tissoit l'emploi des revenus publics au profit
de son digne frère l'empereur , non pas seulement pour subvenir à la guerre des Pays-Bas,
mais pour le disposer à en porter toutes les
horreurs sur les frontières de la France deve-
nue libre ; n'avoit-elle pas aussi à payer les plu-
mes vénales des Meude-Maupas , Gauthier ,
Pelletier, Rivarol , Durosoi , Parisot , Julien ,
Laplatière , Marchand , Pâris (le garde) , Mal-
let du Pan , etc. ; car Antoinette ne faisoit
mettre des entraves à la liberté de la presse,
par le ministère de Lafayette et Bailly , que
pour les écrits patriotiques. Et pendant qu'elle
ordonnoit le siége de la maison de Marat ,
elle admettoit à ses petits appartemens , et
dans ceux du dauphin , de plats rimeurs, de
sales journalistes , qui jetoient de la boue sur
le berceau de la liberté naissante.

Il lui falloit aussi des ressources pécu-

niaires pour soudoyer une armée de mou-
chards, dont Lafayette, Gouvion, Brissac,
Acloque, et plusieurs autres officiers, for-
moient l'état-major, qui se répandoient parmi
les groupes de peuple, dans les tribunes
de l'assemblée nationale et de la commune,
dans les districts, dans les clubs, dans les
cafés, aux théâtres, par-tout où il étoit de
l'intérêt du château des Tuileries d'influencer
l'esprit public, ou d'en connoître le thermo-
mètre. Cette armée *d'observateurs* (espions)
a plus fait de mal à la révolution que toutes
celles des despotes coalisés. Il entroit aussi
dans le système atroce de Marie-Antoinette
d'entretenir à sa dévotion un ramas de prêtres
réfractaires et autres, pour, au premier
moment favorable, organiser dans Paris, ou
tout au moins dans les départemens, une
guerre religieuse, telle qu'elle a eu lieu par
la suite dans la Vendée.

Car, semblable à cet insecte impur, qui,
dans l'ombre, tend de droite et de gauche
des fils déliés, où viennent se prendre les
moucherons sans expérience, dont elle fait sa
proie; Antoinette ourdissoit une trame perfide qui s'étendoit sur la France entière;
atteignoit toute la nation, de la circonférence
au centre, et de toutes les parties de l'empire

attiroit au comité autrichien des victimes ou des suppôts.

C'est cette *tarentule* (1) politique qui, après avoir ordonné le massacre de Nancy, qui lui réussit mieux que la soirée des chevaliers du poignard, aux Tuileries, arrangea la fuite du 20 juin, manquée le 14 mars, et fit prendre à la cour le chemin de Montmédy, place forte, d'où elle auroit pu, tout à son aise, soutenue par l'empereur, Provence, d'Artois, Condé, Bouillé, Broglie, organiser une guerre civile, la plus affreuse de toutes celles connues jusqu'à cette époque.

Ce fut elle qui, perdant l'espoir de se venger à force ouverte, changeant de batteries, et se bornant au système de corruption dont elle avoit essayé déjà avec succès, présidoit ce comité, réviseur de la constitution, composé de traîtres gagés par la liste civile, pour faire passer le peuple français sous le joug d'un despotisme légal, et le mettre au régime de la charte royale de l'Angleterre ; ce fut elle qui, pour reconnoître le pardon généreux que lui avoit accordé la nation, fit massa-

---

(1) Espèce la plus venimeuse, la plus malfaisante des araignées ; elle se trouve dans la patrie de *Catherine de Médicis*.

crer les patriotes dans le Champ-de-Mars,
et n'eut qu'un regret ce jour-là ; c'est de
n'avoir pas été le témoin de cette scène san-
glante, qui dura trop peu à son gré ; mais
l'Autrichienne craignoit pour ses jours.

La femelle du tigre, une fois qu'elle a vu
et goûté du sang, ne peut plus s'en rassasier :
Marie-Antoinette, peu satisfaite de massacrer
les Français en détail, conçoit un plan plus
vaste ; elle commence par disposer des premiers grades de l'armée en faveur de ses agens
et complices ; puis l'or de la liste civile coule
à grands flots pour obtenir une déclaration
de guerre contre la maison même dont elle
sort, piége adroit, qui obtint son plein effet,
malgré les vives réclamations des patriotes
éclairés de ce temps-là. Laisser manquer de
tout les braves volontaires, enjoindre aux
généraux de se faire battre ou de céder le
terrain à l'ennemi, porter toutes les munitions et subsistances sur quelques points de
la frontière, afin que les soldats de la Prusse
et de l'Autriche n'aient que la peine de venir
les enlever, exporter les grains, sous le prétexte de ravitailler les places de guerre,
promener les trains d'artillerie par-tout où
on n'en avoit pas besoin, pour dégarnir les
postes qui ne pouvoient s'en passer, envoyer

à Vienne et à Coblentz des *duplicata* de toutes les marches de l'armée française : tel fut le plan de campagne arrêté sous les yeux d'Antoinette dans le cabinet des Tuileries, et fidèlement mis à exécution pendant trop long-temps. Que de milliers de braves citoyens ont péri, en conséquence de ces mesures meurtrières ! que de familles en deuil et dans la détresse, pour assouvir le ressentiment d'une femme altière et vindicative !

Tous ces crimes d'état ne la satisfont point encore. Le territoire de la France étoit envahi et jonché de cadavres ; mais les braves volontaires déjouoient toutes les machinations par un héroïsme soutenu ; ils supportoient toutes les privations, tous les maux, toutes les horreurs d'une guerre déloyale, sans se plaindre, sans se rebuter ; bien au contraire, à l'exemple du sanglier, le soldats français revenoit sur le coup que lui détachoient des mains perfides. Antoinette, toujours impatiente de prouver un grand caractère qu'elle confondoit avec l'audace d'une femme qui se croit tout permis, appeloit l'occasion de commettre elle-même un grand forfait, et de marcher dans le sang d'un peuple qui résistoit à tout, et n'étoit dupe de rien. Elle avoit préludé par le massacre de la Chapelle et celui des Champs - Élisées. Elle voulut se hâter de prévenir le moment où le peuple, trop indulgent, consentiroit à son impunité, pourvu qu'elle fût réduite à l'impuissance totale de commettre de nouvelles scélératesses. On lui refusoit une garde de son choix ; on la privoit de ses Suisses ; on l'obligeoit à chasser ses ministres ; on maudissoit la horde de prêtres et de nobles dont elle s'obstinoit à s'entourer ; elle étoit menacée de quelque chose de plus.

Tout le monde savoit que Capet n'étoit que le prête-nom des crimes du sceptre, métamorphosé en quenouille. L'opinion publique, long-temps contrainte par les entraves mises à la pensée et à la presse, conformément aux ordres du château, reprenoit son intensité ; et déjà le mot de *République*, si terrible pour la cour, voloit de bouche en bouche. Il étoit temps de faire de part et d'autre un puissant et dernier effort. La journée du 20 juin avoit des signes alarmans pour Marie-Antoinette ; ce bonnet rouge, dont on la força de se coëffer, produisoit sur elle l'effet de la vue des étoffes écarlates sur la panthère des forêts. Cette fois, elle écouta davantage sa fureur que sa politique.

Dès le 7 août, méditant le grand forfait du

du 10, la voilà qui, entourée d'officiers suisses, travaille aux cartouches avec les soldats, et mâche elle-même les balles ! ! ! Elle va trouver d'Affry, et lui mettant le pistolet sous la gorge, lui dit : Je te somme de déclarer si nous pouvons compter sur toi ; le vieux colonel répondit en balbutiant, et s'esquiva du château, ne voulant point souiller par le plus grand des attentats les derniers jours d'une vie déjà trop déshonorée par de viles et coupables complaisances. Le 9, veille du jour qui doit décider de la révolution, la voilà qui, le soir, redouble d'instances auprès de son mari pour qu'il se mette à la tête de sa garde et de ses chevaliers du poignard. Insinuations et prières, caresses et menaces, calomnies et suppositions, tout est mis en œuvre : montrez-vous donc enfin, lui dit-elle, il en est bien temps ; attendrez-vous qu'on vienne encore vous conspuer jusques dans mes bras ? voici le moment de laver dans le sang d'une canaille révoltée votre antique couronne, que vous avez laissé couvrir de l'infâme bonnet rouge ; prenez ce pistolet, et une fois dans votre vie, soyez roi : le peuple de Paris n'étoit pas, à beaucoup près, si criminel, quand Charles IX, l'un de vos prédécesseurs, tira sur lui du haut d'un

balcon du Louvre. Faites - vous craindre ,
d'abord , pour qu'on vous aime par la suite ;
il faut que cette journée soit décisive : tout
le château est plein de nos amis, depuis les
souterrains jusques au comble , et ils sont tous
bien armés ; le peuple , s'il ose approcher,
trouvera à qui parler : qu'il vienne. Suleau ,
Rivarol et beaucoup d'autres de nos gens,
à la tête de fausses patrouilles , vont et
viennent par la ville , égorgeant tous ceux
qui ne voudront pas crier : vive la famille
royale , au diable la révolution ! Nos habits
rouges feront aussi bonne contenance, et
recevront comme il convient les habits bleus,
si ceux-ci avancent sous les fenêtres du château. J'ai fait distribuer aux Suisses une cer-
taine quantité de mauvaises cartouches, qu'ils
jeteront aux Parisiens et aux Marseillois pour
les attirer ; ceux-ci se précipiteront bêtement
dans les bras de nos gardes , qu'ils croiront
leurs frères , il en résultera un carnage des
patriotes, qui nous rendra maîtres du champ
de bataille. Nos fidèles chevaliers , de leur
côté, se muniront d'uniformes nationaux et
suisses, afin de pouvoir monter au Louvre,
et faire un feu roulant tout le long du quai ,
par les fenêtres du Muséum , sur les sections
armées , accourant au siége. Nous pouvons

compter sur Pétion et Rœderer, ils protége-
ront notre fuite au manège, si la chose devenoit
douteuse pour nous : ils ont donné l'ordre
de repousser la force par la force. Quant au
commandant de la garde nationale, tu sais
que Mandat nous est tout dévoué, lui et
presque tout son état-major. Quel plaisir,
si les bataillons pouvoient en venir aux mains
les uns contre les autres, celui de St.-Honoré
contre celui du faubourg Saint-Antoine, et
ainsi du reste. Le poste du Pont-Neuf et le
canon d'Henri IV sont à notre service,
couperont le chemin, et diviseront les forces ;
la consigne est donnée de ne laisser entrer
dans les cours du château que les citoyens
qui se déclareront pour nous ; les logis de
la Borde, et autres, serviront d'avant-poste
dans le besoin. Nous garderons les canons
des deux gardes, montante et descendante.
Toi, achève mon ouvrage ; passe une revue
sous le péristile du château, et sur la terrasse
du jardin : j'ai disposé toutes les têtes ; j'ai
échauffé les cerveaux les plus froids, en distribuant de l'eau-de-vie assaisonnée de poudre
à canon. Que ne puis-je abreuver d'eau-forte
tout ce peuple qui nous réduit à de telles
extrémités ! Mais le jour des vengeances est
arrivé ; ce jour nous payera trois années de

tourmens et de honte ; ils prouveront ce qu'on gagne à se jouer du trône. Les misérables ! ils se souviendront du 14 juillet, du 5 et 6 octobre, du 20 juin ; le 10 août nous acquittera de toutes ces horreurs. Ils ont jeté les hauts cris sur la journée du 17 juillet, ils n'ont encore rien vu ; il faut donner aujourd'hui un grand exemple au reste du royaume. Il faut que Paris nage dans le sang, et que le feu nous fasse justice des rebelles que le fer n'aura pu atteindre. Repose-t-en sur moi, nos vœux seront remplis, et nos ordres fidèlement exécutés. Quand on sera las de tuer autour du château, j'ai dit qu'on se porte de suite aux Cordeliers et aux Jacobins, et qu'on braque le canon sur ces deux repaires, qui nous ont tant fait de mal. On n'oubliera pas la législature, aussitôt que nous en serons sortis pour rentrer triomphans dans notre palais des Tuileries; on balayera tout cela, ainsi que la commune, et tous ceux qui hésiteront à prendre la cocarde blanche. Allons, mon mari, embrasse-moi, seconde-moi bien, nous touchons au terme de nos maux. Si tu avois eu mon courage, il y a long-temps que tout seroit fini ; tu as bien tout ce qu'il faut pour un roi, il ne te manque qu'un peu plus de fer-

meté ; je connois tes sentimens ; ils sont dignes de ta maison et de la mienne..........
J'oubliois de te dire : fais-toi prier long-temps de passer, avec ta famille, dans la salle du manège ; feins de vouloir rester au château ; mais garde-toi d'attendre le moment du siége, nous gâterions notre cause ; et, d'ailleurs, la prudence veut que tu laisse agir les choses en ton absence ; si elles vont mal, tu en seras quitte pour les désavouer : tu es habile à ce jeu ; sur-tout, aie l'air de ne te défier de rien. Vas ! à la première bordée, tu entendras tous ces Parisiens fuir, et demander grace à genoux. Le principal est de faire peur à toutes ces *grenouilles de la Seine,* qui, si on les laissoit faire plus long-temps, finiroient par te traiter comme le soliveau de la fable. Quittons-nous un moment, pour ne point éveiller le soupçon, et séparés l'un de l'autre, agissons de concert ; encore cette bourasque, et nous rentrons au port.

Telles furent les instructions données par Marie-Antoinette à Louis Capet, non loin, et presqu'en présence de plusieurs patriotes, mêlés parmi les détachemens de gardes nationaux, indignement vendus à cette cour scélérate. L'Autrichienne fut ponctuellement obéie ; mais son calcul péchoit par la base elle comptoit sur la lâcheté de tous les Parisiens : et c'est en quoi elle se trompa , et courut à sa perte.

La France et toute l'Europe connoît l'histoire du 10 août, de cette journée , l'une des plus mémorables dans les annales du monde , et qui doit servir incessamment de leçon aux autres peuples. Au bruit des premiers coups de canon , Antoinette et son mari , déjà réfugiés dans la loge d'un journaliste de l'assemblée législative , tressaillirent de joie , et ne purent dissimuler , sur leur visage épanoui, l'espoir d'une vengeance complette et prochaine.

Le peuple fut vainqueur , comme il le sera toutes les fois qu'il se lèvera en masse. Qui peut résister à la force du peuple ? Mais il fit , ce jour-là , la même faute que le 5 octobre. Au lieu de se contenter de l'incendie de quelques baraques de la cour dite des princes , une fois maître du château il devoit y mettre aussi-tôt le feu , et de suite , se porter à l'assemblée nationale , en arracher toute la famille Capet , l'immoler sans pitié , de compagnie avec les députés royalistes dont on savoit les noms ; et sur les cadavres sanglans de toute cette horde perverse, proclamer solemnellement la république.

On se contenta de constituer Capet, sa femme, son fils, sa fille et la tante, prisonniers dans une des tours du Temple, où ils formèrent d'abord une espèce de cour, presqu'aussi insolente et dispendieuse qu'avant le 10 août. Antoinette, que le malheur ne rendoit pas plus humble, continua d'afficher ses airs despotiques et méprisans, et garda ce caractère de dissimulation profonde, qui ne la quitta même point sur l'échafaud. Elle passa le temps de sa captivité à tirer parti du peu de ressources qui lui restoient pour séduire et corrompre ses gardiens ; du reste, ses mœurs domestiques n'amendèrent point ; son vorace appétit fut toujours le même, ainsi que ses propos. On la surprit plus d'une fois, à l'instar des femmes de théâtre, se permettre, dans un coin, de mauvaises plaisanteries, des jeux de mots équivoques, des gestes indécens, quand elle pensoit ne pas être vue des magistrats du peuple qui la surveilloient. Le remords de tous les forfaits commis par elle, le remords, la seule vertu des grands coupables, ne put trouver accès dans son cœur. Livrée à tous ses anciens amusemens, fidèle à tous ses goûts, autant que les circonstances le lui permettoient, elle sembloit braver la vindicte publique, dont le glaive pourtant étoit suspendu sur son front superbe et sans pudeur ; sans doute, elle se flattoit que la main de la nation n'oseroit jamais frapper sa tête criminelle.

Le supplice de son mari rabattit un peu ses espérances, mais ne lui arracha que des larmes de rage ; les sentimens de la nature n'y étoient pour rien, et son orgueil s'en accrut. Ne voulant pas en avoir le démenti, et rêvant peut-être déjà la chimère d'une régence, on la vit affecter de rendre, à son fils, les honneurs que l'étiquette consacroit jadis au rang qu'avoit tenu le père ; mais en outre, une intention perfideétoit masquée sous ce cérémonial ridicule, observé par la mère à l'égard de son fils. Elle conjecturoit que les partisans du trône et les vengeurs de son mari lui sauroient gré de reconnoître Louis XVII dans sa prison, et en prendroient acte pour, de leur côté, le proclamer tel à Lille, à Valenciennes, à Dunkerque, à Lyon, à Toulon, au Calvados, et sur-tout dans la Vendée.

Ces douces illusions s'évanouirent lors du transport d'Antoinette à la Conciergerie, le...., pour être traduite au tribunal révolutionnaire. Qui le croiroit ! jusqu'au fond de son cachot, elle se berça de nouvelles prétentions ; et jusqu'au prononcé du jugement, l'Autrichienne trouva moyen d'intriguer, et ne perdit tout à fait l'espoir de régner et se venger, qu'en perdant la vie sous le fer de la justice du peuple.

Exécution de la veuve Capet, ci-devant et dernière reine de France.

(*Extrait du journal des Révolutions de Paris.*)

Marie-Antoinette d'Autriche, veuve Capet, après un interrogatoire de trois jours consécutifs, jugée à mort par le tribunal révolutionnaire, a subi la peine due à ses forfaits politiques et personnels, le 25 vendémiaire; à midi, sur la place de la Révolution, au pied de la statue de la Liberté. Elle soutint assez bien son caractère de dissimulation et d'orgueil jusqu'au dernier moment. On verra dans chacune de ses réponses aux interpellations des juges, un mélange de fausseté et d'hypocrisie royale, qui perçoit jusques dans son maintien; en voici un trait : Il lui fut demandé si son mari ne l'avoit pas consultée lors de la révision de la constitution. Antoinette, qui sentit parfaitement toute l'importance de cette imputation, ne répondit fort adroitement autre chose, sinon que son mari qui avoit beaucoup de confiance en elle la consultoit quelquefois ; mais c'étoit s'avouer complice de tous les crimes qui conduisirent Louis Capet à l'échafaud.

Le citoyen Samson, exécuteur des jugemens, se présenta dans sa chambre, à sept heures du matin : *Vous venez de bonne heure, monsieur*, lui dit-elle, *ne pourriez-vous pas retarder ? -- Non, madame, j'ai ordre de venir.* Elle étoit déjà toute prête, c'est-à-dire, habillée de blanc, à l'instar de feu son mari, le jour de son supplice. Cette affectation fut remarquée, et fit sourire le peuple. La couleur symbole de l'innocence convenoit mal à Marie-Antoinette. Elle vouloit aller à la guillotine sans bonnet sur la tête, ce qui ne lui fut point accordé. Elle s'étoit coupé les cheveux elle-même. On vint lui dire, dans la chambre de sa prison : Voilà un curé de Paris qui demande si vous voulez vous confesser. On l'entendit répéter tout bas : *Un curé de Paris !....... Il n'y en a guères.* Le confesseur s'avança, et lui dit : Voulez-vous, madame, que je vous accompagne ? --- *Comme vous voudrez, monsienr* ; Mais elle ne se confessa point, et ne dit pas un mot dans toute la route.

Au sortir de la Conciergerie, quand elle

apperçut la charette, on lui vit faire un mouvement de surprise et d'indignation. Elle étoit persuadée qu'on la conduiroit en carosse, comme son mari. Il fallut pourtant monter dans cette voiture, qui blessoit son ame superbe ; et l'on peut assurer que son supplice commença à cet instant, quoiqu'elle fit parade de fermeté ; mais il étoit facile de s'appercevoir que cette fermeté apparente lui coûtoit beaucoup. Son visage, de ce moment, fut défait. Ses mains étoient liées derrière le dos, comme à l'ordinaire. (On devroit renoncer à cet usage, et laisser les criminels jouir de leur liberté jusqu'à la fin.) Elle observa absolument la même contenance tout le long du chemin, excepté pourtant vis-à-vis le ci-devant Palais-Royal ; cette maison lui rappela probablement des souvenirs qui lui firent impression ; elle y jeta un regard fort animé. Le peuple la vit passer assez paisiblement. Il y eut des battemens de mains à certains endroits ; mais en général, on parut un moment oublier tous les maux causés à la France par cette femme, pour ne penser qu'à sa situation actuelle. Justice se faisoit ; c'est tout ce qu'avoit demandé le peuple.

En montant à l'échafaud, Antoinette mit,

par mégarde , le pied sur celui du citoyen Samson ; et l'exécuteur des jugemens en ressentit assez de douleur pour s'écrier : *Aie !* Elle se retourna, en lui disant : *Monsieur, je vous demande excuse, je ne l'ai pas fait exprès.* Il se pourroit qu'elle ait arrangé cette petite scène pour qu'on s'intéresse à sa mémoire ; car l'amour-propre ne quitte certains individus qu'à la mort. Au reste , tels étoient tous ces personnages de cour. Ils commettoient les plus grandes horreurs , les injustices les plus révoltantes , de sang - froid et sans remords ; et ils demandoient pardon des petites niaiseries qui leur échappoient. Et tel prince a laissé une réputation de clémence et d'humanité , avec deux ou trois anecdotes semblables : il n'en falloit pas davantage pour couvrir et faire excuser leurs forfaits.

Quelques esprits foibles parurent douloureusement affectés de l'exécution de la veuve Capet , en ne la considérant que sous le titre de mère et de femme malheureuse. Mais comme reine de France, comme épouse de Capet , comme princesse d'Autriche , tout le monde s'accordoit à conveuir de la justice du trop doux châtiment qu'elle subissoit. Qui a pu oublier les mœurs scandaleuses de sa conduite privée , et les attentats de sa vie po-

litique , non-seulement depuis la révolution ,
mais même dès son entrée en France ? Qui
ne sait qu'elle ne fit tomber ses graces et ne
partagea ses faveurs que sur les courtisans et
les femmes de la cour , qui étoient de moitié
dans ses turpitudes et ses déprédations ? Elle
s'est quelquefois entendu appeler bonne reine,
pour avoir envoyé une somme aux pauvres
de sa paroisse ; et elle avoit soin de faire
publier que cette aumône étoit prise sur ses
menus plaisirs , tandis qu'elle dépensoit des
millions avec ses marchandes de modes. On
se rappelle les cadeaux , les gratifications
qu'elle prodiguoit à des comédiens , et les
biens dont elle combla une Polignac et autres
femmes perdues de cette espèce. Les haillons
du pauvre blessoient ses yeux : elle les
faisoit chasser loin d'elle. L'infortuné l'im-
portunoit. Les greniers de Versailles étoient
remplis de familles dans l'extrême misère ,
et Antoinette payoit un million le rocher
factice de ses jardins anglois de Trianon.
Elle et ses deux beaux-frères ont plus dépensé,
pendant leur règne , que ce que nous coûte
la guerre générale sur nos frontières, soutenue
à si grands frais ; et plus elle gaspilloit le
trésor public, plus ses besoins se multiplioient.

Il falloit avoir recours aux plus honteux ex-
pédiens. Elle avoit la bassesse de tirer des
pots-de-vin des receveurs aux impositions ,
sous la condition qu'elle leur feroit obtenir
au conseil d'état la permission d'augmenter
le prix des assignations ; en sorte que ces
percepteurs infâmes , pour reprendre ce qu'ils
avoient donné à leur reine , envoyoient coup
sur coup des assignations aux malheureux
hors d'état d'acquitter tout de suite leurs
impositions. Le citoyen , taxé à 6 livres , en
dépensoit presqu'autant en frais d'avertisse-
mens et de commandemens.

Antoinette , du temps de Breteuil , n'eut
pas honte de recevoir 50,000 livres d'épingles,
pour faire obtenir la permission de construire
trois cents baraques de bois tout le long du
quai de la Féraille. Ces boutiques , qui obs-
truoient la voie publique et interceptoient le
jour des maisons en face , avoient six pieds
carrés , et étoient louées 3oo livres à de
pauvres petits marchands regrattiers , qui
faisoient à peine de quoi s'acquitter de leurs
locations.

On n'a pas oublié tout l'or prodigué en
bâtimens fastueux et inutiles , à Versailles , à
Trianon , à Saint-Cloud , etc. , tout l'or

que lui coûtoient ses orgies secrètes avec d'Artois , Fersen , Coigny , etc. , tout l'or qu'elle envoyoit incognito à son frère , pour étouffer , dans son berceau , la liberté de la Belgique. On n'a pas oublié , et on n'oubliera pas de long-temps , tous ces *bons* qu'elle faisoit signer à son mari ivre ; c'étoient autant de sentences de proscriptions , c'étoient autant de brevets d'infâmie ou de spoliation. Inspirée par le genie infernal de Cluni , de Necker , de Calonne , de Narbonne , etc. , que de cachots ont été remplis , par elle , de citoyens qui n'avoient d'autre tort que celui de déplaire à cette femme sans mœurs comme sans en-trailles !

Qui de nous pourra oublier tout le sang versé au Champ-de-Mars , pour elle , par les ordres de Lafayette ; tout le sang versé sur nos frontières , pour elle , et par les ordres de Dumourier , complice de la maîtresse ab-solue du château des Tuileries ; tout le sang qui baigna ce même palais au 10 août ; tout le sang qui a coulé depuis dans la Vendée ; tous les crimes avant et depuis la révolution , sont ceux de Marie - Antoinette. Son sang impur ne suffira point pour laver tous ces forfaits. Mais , du moins , le peuple français aura donné une grande leçon , un grand exemple de justice, qui, tôt ou tard, aura des imitateurs chez les nations voisines. Le beau jour que celui où tous les despotes des deux sexes laisseront, comme Capet et sa veuve, leur tête sur l'échafaud !....

PIÈCES

PIECES JUSTIFICATIVES

DU PROCÈS

DE MARIE-ANTOINETTE

DE LORRAINE D'AUTRICHE,

VEUVE CAPET.

Audience du Tribunal Révolutionnaire de Paris, du 23 vendémiaire, an deuxième de la République, 13 novembre 1793, (vieux style.)

ACTE D'ACCUSATION.

INTERROGÉE de ses noms, surnoms, âge, qualités, lieu de naissance et demeure :

A répondu se nommer Marie - Antoinette Lorraine d'Autriche, âgée d'environ 38 ans, veuve du roi de France, née à Vienne, se trouvant, lors de son arrestation, dans le lieu des séances de l'assemblée nationale.

Le greffier donne lecture de l'acte d'accusation dont la teneur suit :

Antoine-Quentin Fouquier, accusateur public près le tribunal criminel révolutionnaire, établi à Paris par décret de la convention nationale, du 10 mars 1793, l'an deuxième de la république, sans aucun recours au tribunal de cassation, en vertu du pouvoir à lui donné par l'article II d'un autre décret de la convention, du 5 avril suivant, portant que l'accusateur public dudit tribunal est autorisé à faire arrêter, poursuivre et juger, sur la dénonciation des autorités constituées ou des citoyens :

Expose que, suivant un décret de la convention, du premier août dernier, Marie-Antoinette, veuve de Louis Capet, a été traduite au tribunal révolutionnaire, comme prévenue d'avoir conspiré contre la France ; que par autre décret de la convention, du 3 octobre,

G g

il a été décrété que le tribunal révolutionnaire s'occu-
peroit sans délai et sans interruption du jugement ; que
l'accusateur public a reçu les pièces concernant la veuve
Capet, les 19 et 20 du premier mois de la seconde
année, vulgairement dits 11 et 12 octobre courant mois;
qu'il a été aussitôt procédé, par l'un des juges du tribunal, à l'interrogatoire de la veuve Capet ; qu'examen
fait de toutes les pièces transmises par l'accusateur
public, il en résulte, qu'à l'instar des Messalines
Brunehaut, Frédégonde et Médicis, que l'on qualifioit
autrefois de reines de France, et dont les noms, à jamais
odieux, ne s'effaceront pas des fastes de l'histoire, Marie-
Antoinette, veuve de Louis Capet, a été, depuis son séjour
en France, le fléau et la sang-sue des Français ; qu'avant
même l'heureuse révolution qui a rendu au peuple
français sa souveraineté, elle avoit des rapports politiques avec l'homme qualifié de roi de Bohême et de
Hongrie ; que ces rapports étoient contraires aux intérêts
de la France ; que non-contente, de concert avec les
frères de Louis Capet, et l'infâme et exécrable Calonne,
lors ministre des finances, d'avoir dilapidé d'une manière effroyable les finances de la France (fruit des
sueurs du peuple) pour satisfaire à des plaisirs désor-
donnés, et payer les agens de ces intrigues criminelles ;
il est notoire qu'elle a fait passer à différentes époques,
à l'empereur, des millions qui lui ont servi et lui servent
encore à soutenir la guerre contre la république, et que
c'est par ces dilapidations excessives qu'elle est parvenue
à épuiser le trésor national.

Que depuis la révolution, la veuve Capet n'a cessé
un seul instant d'entretenir des intelligences et des correspondances criminelles et nuisibles à la France, avec
les puissances étrangères et dans l'intérieur de la république, par des agens à elle affidés, qu'elle soudoyoit
et faisoit soudoyer par le ci-devant trésorier de la liste
ci-devant civile ; qu'à différentes époques, elle a usé de
toutes les manœuvres qu'elle croyoit propres à ses vues
perfides, pour opérer une contre-révolution ; d'abord
ayant, sous prétexte d'une réunion nécessaire entre les
ci-devant gardes-du-corps et les officiers et soldats du
régiment de Flandres, ménagé un repas entre ces deux
corps, le premier octobre 1789, lequel est dégénéré
en une véritable orgie, ainsi qu'elle le désiroit, et

pendant le cours de laquelle les agens de la veuve Capet, secondant parfaitement ses projets contre-révolutionnaires, ont amené la plupart des convives à chanter, dans l'épanchement de l'ivresse, des chansons exprimant le plus entier dévouement pour le trône, et l'aversion la plus caractérisée pour le peuple, et de les avoir insensiblement amenés à arborer la cocarde blanche et à fouler aux pieds la cocarde nationale, et d'avoir, par sa présence, autorisé tous ces excès contre-révolutionnaires, sur-tout en encourageant les femmes qui l'accompagnoient à distribuer les cocardes blanches aux convives; d'avoir, le 4 du mois d'octobre, témoigné la joie la plus immodérée de ce qui s'étoit passé à cette orgie.

En second lieu, d'avoir, conjointement avec Louis Capet, fait imprimer et distribuer avec profusion, dans toute l'étendue de la république, des ouvrages contre-révolutionnaires, de ceux mêmes adressés aux conspirateurs d'outre-Rhin, ou publiés en leurs noms, tels que les *pétitions aux émigrans*, *la réponse des émigrans*, *les émigrans au peuple*, *les plus courtes folies sont les meilleures*, *le journal à deux liards*, *l'ordre, la marche et l'entrée des émigrans*; d'avoir même poussé la perfidie et la dissimulation au point d'avoir fait imprimer et distribuer avec la même profusion des ouvrages dans lesquels elle étoit dépeinte sous des couleurs peu avantageuses, qu'elle ne méritoit déjà que trop en ce temps, et ce, pour donner le change et persuader aux puissances étrangères qu'elle étoit maltraitée des Français, et les animer de plus en plus contre la France; que pour réussir plus vîte dans ses projets contre-révolutionnaires, elle avoit, par ses agens, occasionné dans Paris et les environs, les premiers jours d'octobre 1789, une disette qui a donné lieu à une nouvelle insurrection, à la suite de laquelle une foule innombrable de citoyens et de citoyennes s'est portée à Versailles, le 5 du même mois; que ce fait est prouvé d'une manière sans réplique par l'abondance qui a régné le lendemain même de l'arrivée de la veuve Capet et de sa famille à Paris.

Qu'à peine arrivée à Paris, la veuve Capet, féconde en intrigues de tout genre, a formé des conciliabules dans son habitation; que ces conciliabules, composés de tous les contre-révolutionnaires et intrigans des assemblées

constituante et législative , se tenoient dans les ténèbres
de la nuit ; que l'on y avisoit aux moyens d'anéantir les
droits de l'homme et les décrets déjà rendus , qui devoient faire la base de la constitution ; que c'est dans ces
conciliabules qu'il a été délibéré sur les mesures à
prendre pour faire décréter la révision des décrets qui
étoient favorables au peuple ; qu'on a arrêté la fuite de
Louis Capet , de la veuve Capet et de toute la famille,
sous des noms supposés , en juin 1791 , tentée tant de
fois et sans succès , à différentes époques ; que la veuve
Capet convient dans son interrogatoire que c'est elle
qui a tout ménagé et tout préparé pour effectuer cette
évasion , et que c'est elle qui a ouvert et fermé les portes
de l'appartement par où les fugitifs sont passés ; qu'in-
dépendamment de l'aveu de la veuve Capet , à cet égard,
il est constant , d'après les déclarations de Louis-Charles
Capet et de la fille Capet , que Lafayette , favori , sous
tous les rapports , de la veuve Capet , et Bailly , lors
maire de Paris , étoient présens au moment de cette
évasion , et qu'ils l'ont favorisée de tout leur pouvoir ;
que la veuve Capet , après son retour de Varennes , a
recommencé ces conciliabules ; qu'elle les présidoit
elle - même , et que , d'intelligence avec son favori
Lafayette , l'on a fermé les Tuileries , et privé par ce
moyen les citoyens d'aller et de venir librement dans
les cours et le ci-devant château des Tuileries ; qu'il
n'y avoit que les personnes munies de cartes qui eussent
leur entrée ; que cette clôture , présentée avec emphase
par le traître Lafayette , comme ayant pour objet de
punir les fugitifs de Varennes , étoit une ruse imaginée
et concertée dans ces conciliabules ténébreux pour priver
les citoyens des moyens de découvrir ce qui se tramoit
contre la liberté dans ce lieu infâme ; que c'est dans
ces mêmes conciliabules qu'a été déterminé l'horrible
massacre qui a eu lieu le 17 juillet 1791 , des plus zélés
patriotes qui se sont trouvés au Champ-de-Mars ; que
le massacre qui avoit eu lieu précédemment à Nancy,
et ceux qui ont eu lieu depuis dans les divers autres
points de la république , ont été arrêtés et déterminés
dans ces mêmes conciliabules ; que ces mouvemens , qui
ont fait couler le sang d'une foule immense de patriotes,
ont été imaginés pour arriver plutôt et plus sûrement
à la révision des décrets rendus et fondés sur les droits

de l'homme, et qui, par-là, étoient nuisibles aux vues ambitieuses et contre-révolutionnaires de Louis Capet et de Marie-Antoinette ; que la constitution de 1791, une fois acceptée, la veuve Capet s'est occupée de la détruire insensiblement par toutes les manœuvres qu'elle et ses agens ont employé dans les divers points de la république ; que toutes ses démarches ont toujours eu pour but d'anéantir la liberté, et de faire rentrer les Français sous le joug tyrannique, sous lequel ils n'ont langui que trop de siècles ; qu'à cet effet, la veuve Capet a imaginé de faire discuter dans ces conciliabules ténébreux, et qualifiés depuis long temps avec raison de cabinet Autrichien, toutes les loix qui étoient portées par l'assemblée législative ; que c'est elle, et par suite de la détermination prise dans ces conciliabules, qui a décidé Louis Capet à apposer son *veto* au fameux et salutaire décret rendu par l'assemblée législative contre les ci-devant princes, frères de Louis Capet, et les émigrés, et contre cette horde de prêtres réfractaires et fanatiques répandus dans toute la France ; *veto* qui a été l'une des principales causes des maux qu'a, depuis, éprouvé la France.

Que c'est la veuve Capet qui faisoit nommer les ministres pervers, et aux places, dans les armées et dans les bureaux des hommes connus de la nation entière pour des conspirateurs contre la liberté ; que c'est par ses manœuvres et celles de ses agens, aussi adroits que perfides, qu'elle est parvenue à composer la nouvelle garde de Louis Capet d'anciens officiers qui avoient quitté leurs corps lors du serment exigé, de prêtres réfractaires et d'étrangers, et enfin de tous hommes réprouvés, pour la plupart, de la nation, et dignes de servir dans l'armée de Coblentz, où un très-grand nombre est en effet passé depuis le licenciement.

Que c'est la veuve Capet, d'intelligence avec la faction liberticide qui dominoit alors l'assemblée législative, et pendant un temps la convention, qui a fait déclarer la guerre au roi de Bohême et de Hongrie son frère ; que c'est par ses manœuvres et ses intrigues, toujours funestes à la France, que s'est opérée la première retraite des Français du territoire de la Belgique.

Que c'est la veuve Capet qui a fait parvenir aux puissances étrangères les plans de campagne d'attaque qui étoient convenus dans le conseil ; de manière que , par cette double trahison , les ennemis étoient toujours instruits à l'avance des mouvemens que devoient faire les troupes de la république ; d'où suit la conséquence , que la veuve Capet est l'auteur des revers qu'ont éprouvés, en différens temps , les armées françaises.

Que la veuve Capet a médité et combiné avec ses perfides agens, l'horrible conspiration qui a éclaté dans la journée du 10 août , laquelle n'a échoué que par les efforts courageux et incroyables des patriotes ; qu'à cette fin , elle a réuni dans son habitation , aux Tuileries , jusques dans des souterrains , les suisses qui , aux termes des décrets , ne devoient plus composer la garde de Louis Capet ; qu'elle les a entretenu dans un état d'ivresse depuis le 9 jusqu'au 10 matin , jour convenu pour l'exécution de cette horrible conspiration ; qu'elle a réuni également , et dans le même dessein , dès le 9 , une foule de ces êtres qualifiés de chevaliers du poignard , qui avoient figuré déjà dans ce même lieu , le 23 février 1791 , et depuis , à l'époque du 20 juin 1792.

Que la veuve Capet craignant sans doute que cette conspiration n'eût pas tout l'effet qu'elle s'en étoit promise , a été dans la soirée du 7 août , vers les neuf heures et demie du soir , dans la salle où les suisses et autres à elle dévoués , travailloient à des cartouches ; qu'en même temps qu'elle les encourageoit à hâter la confection de ces cartouches , pour les exciter de plus en plus , elle a pris des cartouches et a mordu des balles. (Les expressions manquent pour rendre un trait aussi atroces.) Que le lendemain 10 , il est notoire qu'elle a pressé et sollicité Louis Capet à aller dans les Tuileries , vers cinq heures et demie du matin , passer la revue des véritables suisses et autres scélérats qui en avoient pris l'habit , et qu'à son retour , elle lui a présenté un pistolet, en disant : « voilà le moment de vous montrer », et que sur son refus , elle l'a traité de lâche ; que quoique , dans son interrogatoire , la veuve Capet ait persévéré à dénier qu'il ait été donné aucun ordre de tirer sur le peuple , la conduite qu'elle a tenue le dimanche 9 , dans la salle des suisses , les conciliabules qui ont eu lieu toute la nuit , et auxquels elle a assisté , l'article du pistolet et son propos à Louis Capet , leur retraite subite des Tuileries , et les coups de fusils tirés au moment même de leur entrée dans la salle de l'assemblée législative, toutes ces circonstances réunies ne permettent pas de douter qu'il n'ait été convenu, dans le conciliabule qui a eu lieu pendant toute la nuit, qu'il falloit tirer sur le peuple, et que Louis Capet et Marie-Antoinette, qui étoit la grande directrice de cette conspiration, n'ait elle-même donné l'ordre de tirer.

Que c'est aux intrigues et manœuvres perfides de la veuve Capet, d'intelligence avec cette faction liberticide, dont il a été déjà parlé, et tous les ennemis de la république, que la France est redevable de cette guerre intestine qui la dévore depuis si long-temps, et dont, heureusement, la fin n'est pas plus éloignée que celle des auteurs.

Que dans tous les temps, c'est la veuve Capet qui, par cette influence qu'elle avoit acquise sur l'esprit de Louis Capet, lui avoit insinué cet art profond et dangereux de dissimuler et d'agir, et promettre, par des actes publics, le contraire de ce qu'il pensoit, et tramoit, conjointement avec elle dans les ténèbres, pour détruire cette liberté, si chère aux Français, et qu'ils sauront conserver et recouvrer; ce qu'ils appeloient la plénitude des prérogatives royales.

Qu'enfin la veuve Capet, immorale sous tous les rapports, et nouvelle Agrippine, est si perverse et si familière avec tous les crimes, qu'oubliant sa qualité de mère et la démarcation prescrite par les loix de la nature, elle n'a pas craint de se livrer avec Louis - Charles Capet son fils, et de l'aveu de ce dernier, à des indécences dont l'idée et le nom seul font frémir d'horreur.

D'après l'exposé ci-dessus, l'accusateur public a dressé la présente accusation contre Marie-Antoinette, se qualifiant dans son interrogatoire de Lorraine d'Autriche, veuve de Louis Capet, pour avoir méchamment et à dessein: 1°. de concert avec les frères de Louis Capet et l'infâme ex-ministre Calonne, dilapidé d'une manière effroyable les finances de la France, et d'avoir fait passer des sommes incalculables à l'empereur, et d'avoir ainsi épuisé le trésor national.

2°. D'avoir, tant par elle que par ses agens contre-révolutionnaires, entretenu des intelligences et des cor-

respondances avec les ennemis de la république , et
d'avoir informé et fait informer ces mêmes ennemis des
plans de campagne et d'attaque convenus et arrêtés dans
le conseil.

3°. D'avoir , par ses intrigues et manœuvres , et
celles de ses agens , tramé des conspirations et des
complots contre la sûreté intérieure et extérieure de la
France , et d'avoir à cet effet allumé la guerre civile
dans divers points de la république , et armé les citoyens
les uns contre les autres , et d'avoir , par ce moyen ,
fait couler le sang d'un nombre incalculable de citoyens ;
ce qui est contraire à l'article IV de la section première du titre premier de la seconde partie du code pénal,
et à l'article II de la seconde section du titre premier du
même code.

En conséquence , l'accusateur public requiert qu'il lui
soit donné acte , par le tribunal assemblé , de la présente
accusation ; qu'il soit ordonné qu'à sa diligence , et par
un huissier du tribunal , porteur de l'ordonnance à intervenir , Marie-Antoinette , se qualifiant de Lorraine
d'Autriche , veuve de Louis Capet , actuellement détenue
dans la maison d'arrêt , dite la Conciergerie du palais ,
sera écrouée sur les registres de ladite maison , pour y
rester comme en maison de justice ; comme aussi , que
l'ordonnance à intervenir sera notifiée à la municipalité
de Paris et à l'accusée.

Fait au cabinet de l'accusateur public , le premier jour
de la troisième décade du premier mois de l'an second de
la république , une et indivisible.

Signé , F o u q u i e r.

Le tribunal , faisant droit sur le réquisitoire de l'accusateur public , lui donne acte de l'accusation par lui
portée contre Marie - Antoinette , dite Lorraine d'Autriche , veuve de Louis Capet.

En conséquence , ordonne qu'à sa diligence , et par
un huissier du tribunal , porteur de la présente ordonnance , ladite Marie-Antoinette , veuve de Louis Capet ,
sera prise au corps , arrêtée et écrouée sur les registres
de la maison d'arrêt , dite la Conciergerie à Paris , où
elle est actuellement détenue , pour y rester comme en
maison de justice ; comme aussi , que la présente ordon-

nance sera notifiée ; tant à la municipalité de Paris qu'à l'accusée.

Fait et jugé au tribunal, le second jour de la troisième décade du premier mois de l'an second de la république. Amand-Martial-Joseph HERMAN, Etienne FOUCAULT, Gabriel-Toussaint SCELLIER, Pierre-André COFFINHAL, Gabriel DELIÉGE, Pierre-Louis RAGMEY, Antoine-Marie MAIRE, François-Joseph DENIZOT, Etienne MAÇON, tous juges du tribunal, qui ont signé.

Le président à l'accusée. Voilà ce dont on vous accuse : prêtez une oreille attentive, vous allez entendre les charges qui vont être portées contre vous.

On procède à l'audition des témoins.

Laurent Lecointre, député à la convention nationale, dépose connoître l'accusée pour avoir été autrefois la femme du ci-devant roi de France, et encore pour être celle qui, lors de sa translation au Temple, l'avoit chargé de présenter une réclamation à la convention, à l'effet d'obtenir, pour ce qu'elle appeloit son service, treize ou quatorze personnes qu'elle désignoit ; la convention passa à l'ordre du jour, motivé sur ce qu'il falloit s'adresser à la municipalité.

Le déposant entre ensuite dans des détails de fêtes et orgies, qui eurent lieu dans la ville de Versailles depuis l'année 1779 jusqu'au commencement de celle de 1789, dont le résultat a été une dilapidation effroyable dans les finances de la France.

Le témoin donne les détails de ce qui a précédé et suivi les assemblées des notables jusqu'à l'époque de l'ouverture des états-généraux, l'état où se trouvoient les généreux habitans de Versailles, leurs perplexités douloureuses à l'époque du 23 juin 1793, où les artilleurs de Nassau, dont l'artillerie étoit placée dans les écuries de l'accusée, refusèrent de faire feu sur le peuple. Enfin, les Parisiens ayant secoué le joug de la tyrannie, ce mouvement révolutionnaire ranima l'énergie des francs Versailliens, ils formèrent le projet très-hardi et courageux sans doute, de s'affranchir de l'oppression du despote et de ses agens.

Le 28 juillet, les citoyens de Versailles formèrent le vœu de s'organiser en gardes nationales, à l'instar de leurs frères de Paris ; on proposa néanmoins de consulter le roi : l'intermédiaire étoit le ci-devant prince de Poix. On chercha à traîner les choses en longueur ; mais l'organisation ayant eu lieu , on forma un état-major ; d'Estaing fut nommé commandant - général , Gouvernet commandant en second , etc. etc.

Le témoin entre ici dans les détails des faits qui ont précédé et suivi l'arrivée du régiment de Flandres. Le 29 septembre , l'accusée fit venir chez elle les officiers de la garde nationale , et leur fit don de deux drapeaux : il en restoit un troisième , lequel on leur annonça être destiné pour un bataillon de prétendue garde soldée , à l'effet , disoit-on , de soulager les habitans de Versailles , que l'on sembloit plaindre en les cajolant , tandis que d'un autre côté ils étoient abhorrés.

Le 29 septembre 1789 , la garde nationale donna un repas à ses braves frères , les soldats du régiment de Flandres ; les journalistes ont rendu compte dans le temps que , dans le repas des citoyens , il ne s'étoit rien passé de contraire aux principes de la liberté , tandis que celui du premier octobre suivant , donné par les gardes-du-corps , n'eut pour but que de provoquer la garde nationale contre les soldats ci-devant de Flandres et les chasseurs des Trois-Evêchés.

Le témoin observe que l'accusée s'est présentée dans ce dernier repas avec son mari , qu'ils y furent vivement applaudis , que l'air *O Richard , ô mon roi*, y fut joué , que l'on y but à la santé du roi , de la reine et de son fils , mais que la santé de la nation , qui avoit été proposée , fut rejetée. Après cette orgie , on se transporta au château de la ci - devant cour dite de Marbre ; et là , pour donner au roi vraisemblablement une idée de la manière avec laquelle on étoit disposé à défendre les intérêts de sa famille , si l'occasion s'en présentoit , le nommé Perceval , aide - de - camp de d'Estaing , monta le premier ; après lui , ce fut un grenadier du régiment de Flandres ; un troisième , dragon , ayant aussi essayé d'escalader ledit balcon , et n'ayant pu y réussir , voulut se détruire. Quant audit Perceval , il ôta la croix dont il étoit décoré , pour en faire don au grenadier qui , comme lui , avoit escaladé le balcon du ci-devant roi.

Sur le réquisitoire de l'accusateur public , le tribunal ordonne qu'il sera décerné un mandat d'amener contre Perceval et d'Estaing.

Le témoin ajoute que le 3 octobre, même mois, les gardes-du-corps donnèrent un second repas : ce fut là où les outrages les plus violens furent faits à la cocarde nationale, qui fut foulée aux pieds, etc. etc.

Le déposant entre ici dans les détails de ce qui s'est passé à Versailles les 5 et 6 octobre. Nous nous dispenserons d'en rendre compte, attendu que ces mêmes faits ont déjà été imprimés dans le receuil des dépositions reçues au ci-devant châtelet de Paris, sur les événemens des 5 et 6 octobre, et imprimés par les ordres de l'assemblée constituante (1).

Le témoin observe que, dans la journée du 5 octobre, d'Estaing, instruit des mouvemens qui se manifestoient dans Paris, se transporta à la municipalité de Versailles, à l'effet d'obtenir la permission d'emmener le ci-devant roi, qui, pour lors, étoit à la chasse, (et qui vraisemblablement ignoroit ce qui se passoit,) avec promesse de la part de d'Estaing de le ramener lorsque la tranquillité seroit rétablie.

Le témoin dépose sur le bureau les pièces concernant les faits contenus dans sa déclaration.

Le président à l'accusée. Avez-vous quelques observations à faire sur la déposition du témoin ?

R. Je n'ai aucune connoissance de la majeure partie des faits dont parle le témoin. Il est vrai que j'ai donné deux drapeaux à la garde nationale de Versailles. Il est vrai que nous avons fait le tour de la table le jour du repas des gardes-du-corps, mais voilà tout.

Vous convenez avoir été dans la salle des ci-devant gardes-du-corps, y étiez-vous lorsque la musique a joué l'air : *O Richard, ô mon roi ?*

R. Je ne m'en rappelle pas.

Y étiez-vous lorsque la santé de la nation fut proposée et rejetée ?

R. Je ne le crois pas.

Il est notoire que le bruit de la France entière, à cette époque, étoit que vous aviez visité vous-même les trois corps armés qui se trouvoient à Versailles, pour les engager à défendre ce que vous appeliez les prérogatives du trône.

R. Je n'ai rien à répondre.

____

(1) Voyez le premier volume desdites déclarations, imprimé chez Baudoin en 1790.

Avant le 14 juillet 1789, ne teniez-vous point des conciliabules nocturnes, où assistoit la Polignac ; et n'étoit-ce point là que l'on délibéroit sur les moyens de faire passer des fonds à l'empereur ?

R. Je n'ai jamais assisté à aucuns conciliabules.

Avez-vous connoissance du fameux lit de justice tenu par Louis Capet au milieu des représentans du peuple ?

R. Oui.

N'étoit-ce pas Desprémesnil et Thouret, assisté de Barentin, qui rédigèrent les articles qui furent proposés ?

R. J'ignore absolument ce fait.

Vos réponses ne sont point exactes, car c'est dans vos appartemens que les articles ont été rédigés.

R. C'est dans le conseil où cette affaire a été arrêtée.

Votre mari ne vous a-t-il point lu le discours une demi-heure avant que d'entrer dans la salle des représentans du peuple, et ne l'avez vous point engagé à le prononcer avec fermeté ?

R. Mon mari avoit beaucoup de confiance en moi, et c'est cela qui l'avoit engagé à m'en faire lecture ; mais je ne me suis permise aucunes observations.

Quelles furent les délibérations prises pour faire entourer les représentans du peuple de baïonnettes, et pour en faire assassiner la moitié, s'il avoit été possible ?

R. Je n'ai jamais entendu parler de pareille chose.

Vous n'ignoriez pas sans doute qu'il y avoit des troupes au Champ-de-Mars : vous deviez savoir la cause de leur rassemblement ?

R. Oui, j'ai su dans le temps qu'il y en avoit ; mais j'ignore absolument quel en étoit le motif.

Mais ayant la confiance de votre époux, vous ne deviez pas ignorer quelle en étoit la cause ?

R. C'étoit pour rétablir la tranquillité publique.

Mais à cette époque, tout le monde étoit tranquille, il n'y avoit qu'un cri, celui de la liberté. Avez-vous connoissance du projet du ci-devant comte d'Artois, pour faire sauter la salle de l'assemblée nationale ; ce plan ayant paru trop violent, ne l'a-t-on pas engagé à voyager, dans la crainte que, par sa présence et son étourderie, il ne nuisit au projet que l'on avoit conçu, qui étoit de dissimuler jusqu'au moment favorable aux vues perfides que l'on se proposoit?

R. Je n'ai jamais entendu parler que mon frère d'Artois eût le dessein dont vous parlez. Il est parti de son plein gré pour voyager.

A quelle époque avez-vous employé les sommes immenses qui vous ont été remises par les différens contrôleurs des finances?

R. On ne m'a jamais remis de sommes immenses; celles que l'on m'a remises ont été par moi employées pour payer les gens qui m'étoient attachés.

Pourquoi la famille Polignac et plusieurs autres ont-elles par vous été gorgées d'or?

R. Elles avoient des places à la cour qui leur procuroient des richesses.

Le repas des gardes-du-corps n'ayant pu avoir lieu qu'avec la permission du roi, vous avez dû nécessairement en connoître la cause?

R. On a dit que c'étoit pour opérer leur réunion avec la garde nationale.

Comment connoissez-vous Perceval?

R. Comme aide-de-camp de M. d'Estaing.

Savez-vous de quels ordres il étoit décoré?

R. Non.

On entend un autre témoin.

Jean-Baptiste Lapierre, adjudant général par *interim* de la quatrième division, dépose des faits relatifs à ce qui s'est passé au ci-devant château des Tuileries, dans la nuit du 20 au 21 juin 1791, où lui, déposant, se trouvoit de service; il a vu, dans le courant de la nuit, un grand nombre de particuliers à lui inconnus, qui alloient et venoient du château dans les cours, et des cours au château; parmi ceux qui ont fixé son attention, il a reconnu Barré.

N'est-il pas à votre connoissance qu'après le retour de Varennes, le Barré dont vous parlez se rendoit tous les jours au château, où il paroît qu'il étoit bien venu, et n'étoit-ce pas lui qui provoqua du trouble au théâtre du Vaudeville?

R. Je ne peux pas affirmer ce fait.

Le président à l'accusée. Lorsque vous êtes sortie, étoit-ce à pied ou en voiture?

R. C'étoit à pied.

Par quel endroit ?

R. Par le Carrousel.

Lafayette et Bailly étoient-ils au château au moment de votre départ ?

R. Je ne le crois pas.

N'êtes-vous point descendue par l'appartement d'une de vos femmes ?

R. J'avois à la vérité sous mes appartemens une femme de garde-robe.

Comment nommez-vous cette femme ?

R. Je ne m'en rappelle pas.

N'est-ce point vous qui avez ouvert les portes ?

R. Oui.

Lafayette n'est-il point venu dans l'appartement de Louis Capet ?

R. Non.

A quelle heure êtes-vous partie ?

R. A onze heures trois quarts.

Avez-vous vu Bailly au château ce jour-là ?

R. Non.

On entend un autre témoin.

N..... Roussillon, chirurgien et canonnier, dépose que le 10 août 1792, étant entré au château des Tuileries, dans l'appartement de l'accusée, qu'elle avoit quitté peu d'heures avant, il trouva sous son lit des bouteilles, les unes pleines, les autres vuides ; ce qui lui donna lieu de croire qu'elle avoit donné à boire, soit aux officiers des suisses, soit aux chevaliers du poignard qui remplissoient le château.

Le témoin termine en reprochant à l'accusée d'avoir été l'instigatrice des massacres qui ont eu lieu dans divers endroits de la France, notamment à Nancy et au Champ-de-Mars ; comme aussi d'avoir contribué à mettre la France à deux doigts de sa perte, en faisant passer des sommes immenses à son frère, (le ci-devant roi de Bohême et de Hongrie) pour soutenir la guerre contre les Turcs, et lui faciliter ensuite les moyens de faire un jour la guerre à la France, c'est-à-dire, à une nation généreuse qui la nourrissoit ainsi que son mari et sa famille.

Le déposant observe qu'il tient ce fait d'une bonne citoyenne, excellente patriote, qui a servi à Versailles sous l'ancien régime, et à qui un favori de la ci-devant cour en a fait confidence.

Sur l'indication faite par le témoin de la demeure de cette citoyenne, le tribunal, d'après le réquisitoire de l'accusateur public, ordonne qu'il sera à l'instant décerné contre elle un mandat d'amener, à l'effet de venir donner au tribunal les renseignemens qui peuvent être à sa connoissance.

Le président à l'accusée. Avez-vous quelques observations à faire contre la déposition du témoin ?

R. J'étois sortie du château, et j'ignore ce qui s'y est passé.

N'avez-vous point donné de l'argent pour faire boire les suisses ?

R. Non.

N'avez-vous point dit en sortant à un officier suisse : buvez, mon ami, je me recommande à vous ?

R. Non.

Où avez-vous passé la nuit du 9 au 10 août dont on vous parle ?

R. Je l'ai passée avec ma sœur (Elisabeth) dans mon appartement, et ne me suis point couchée.

Pourquoi ne vous êtes-vous point couchée ?

R. Parce qu'à minuit nous avons entendu le tocsin sonner de toutes parts, et que l'on nous annonça que nous allions être attaqués.

N'est-ce point chez vous que se sont assemblés les ci-devant nobles et les officiers suisses qui étoient au château, et n'est-ce point là que l'on a arrêté de faire feu sur le peuple ?

R. Personne n'est entré dans mon appartement.

N'avez-vous pas, dans la nuit, été trouver le ci-devant roi?

R. Je suis restée dans son appartement jusqu'à une heure du matin.

Vous y avez vu sans doute tous les chevaliers du poignard et l'état-major des suisses, qui y étoient ?

R. J'y ai vu beaucoup de monde.

N'avez-vous rien vu écrire sur la table du ci-devant roi?

R. Non.

Etiez-vous avec le roi lors de la revue qu'il a faite dans le jardin?

R. Non.

N'étiez-vous point pendant ce temps à votre fenêtre ?

R. Non.

Pétion étoit-il avec Rœderer dans le château?

R. Je l'ignore.

N'avez-vous point eu un entretien avec d'Affry, dans lequel vous l'avez interpellé de s'expliquer si l'on pouvoit compter sur les suisses pour faire feu sur le peuple, et sur la réponse négative qu'il vous fit, n'avez-vous pas employé tour-à-tour les cajolemens et les menaces?

R. Je ne crois pas avoir vu d'Affry ce jour-là.

Depuis quel temps n'aviez-vous vu d'Affry?

R. Il m'est impossible de m'en rappeler en ce moment.

Mais lui avez-vous demandé si l'on pouvoit compter sur les suisses?

R. Je ne lui ai jamais parlé de cela.

Vous niez donc que vous lui ayez fait des menaces?

R. Jamais je ne lui en ai fait aucunes.

L'accusateur public observe que d'Affry, après l'affaire du 10 août, fut arrêté et traduit par-devant le tribunal du 17, et qu'il ne fut mis en liberté que parce qu'il prouva que, n'ayant point voulu participer à ce qui se tramoit au château, vous l'aviez menacé, ce qui l'avoit forcé de s'en éloigner.

Un autre témoin est entendu.

Jacques-René Hébert, substitut du procureur de la commune, dépose qu'en sa qualité de membre de la commune du 10 août, il fut chargé de différentes missions importantes, qui lui ont prouvé la conspiration d'Antoinette; notamment un jour au Temple, il a trouvé un livre d'église à elle appartenant, dans lequel étoit un de ces signes contre-révolutionnaires, consistant en un cœur enflammé, traversé par une flèche, sur lequel étoit écrit : *Jesu, miserere nobis.* Une autre fois, il trouva, dans la chambre d'Elisabeth, un chapeau, qui fut reconnu pour avoir appartenu à Louis Capet; cette découverte ne lui permit plus de douter qu'il existât parmi ses collègues quelques hommes dans le cas de se dégrader au point de servir la tyrannie. Il se rappelle que Toulan étoit entré un jour avec son chapeau dans la tour, et qu'il en étoit sorti nue tête, en disant qu'il l'avoit perdu. Il ajoute que Simon lui ayant fait savoir qu'il avoit quelque chose d'important à lui communiquer, il se rendit au Temple, accompagné du maire et du procureur de la commune; ils y reçurent
une

une déclaration de la part du jeune Capet, de laquelle il résulte qu'à l'époque de la fuite de Louis Capet à Varennes, Lafayette étoit un de ceux qui avoient le plus contribué à la faciliter ; qu'il avoit pour cet effet passé la nuit au château ; que pendant leur séjour au Temple , les détenues n'avoient cessé pendant long-temps d'être instruites de ce qui se qui se passoit à l'extérieur ; on leur faisoit passer des correspondances dans des hardes et souliers ; le petit Capet nomma treize personnes , comme étant celles qui avoient , en parti, coopéré à entretenir ces intelligences ; que l'un d'eux l'ayant enfermé avec sa sœur dans une tourelle, il entendit qu'il disoit à sa nièce : je vous procurerai les moyens de savoir des nouvelles, en envoyant tous les jours un colporteur crier près de la tour le journal du soir. Enfin le jeune Capet, dont la constitution physique dépérissoit chaque jour, fut surpris par Simon dans des pollutions indécentes et funestes pour son tempérament ; que celui-ci lui ayant demandé qui lui avoit appris ce manège criminel , il répondit que c'étoit à sa mère et à sa tante qu'il étoit redevable de la connoissance de cette habitude funeste. De la déclaration , observe le déposant, que le jeune Capet a faite en présence du maire de Paris et du procureur de la commune , il résulte que ces deux femmes le faisoient souvent coucher entre elles deux , que là, il se commettoit des traits de la débauche la plus effrénée ; qu'il n'y avoit pas même à douter, par ce qu'a dit le fils Capet, qu'il n'y ait eu un acte incestueux entre la mère et le fils.

Il y a lieu de croire que cette criminelle jouissance n'étoit point dictée par le plaisir , mais bien par l'espoir politique d'énerver le physique de cet enfant, que l'on se plaisoit encore à croire destiné à occuper un trône , et sur lequel on vouloit, par cette manœuvre , s'assurer le droit de régner alors sur son moral. Que par les efforts qu'on lui fit faire , il est demeuré attaqué d'une descente, pour laquelle il a fallu mettre un bandage à cet enfant ; et depuis qu'il n'est plus avec sa mère, il reprend un tempéramment robuste et vigoureux.

Le président à l'accusée. Qu'avez-vous à répondre à la déposition du témoin ?

R. Je n'ai aucune connoissance des faits dont parle Hébert ; je sais seulement que le cœur dont il parle a

H h

été donné à mon fils par sa sœur ; à l'égard du chapeau
dont il a également parlé , c'est un présent fait à la sœur
du vivant du frère.

Les administrateurs, Michonis, Jobert , Marino et
Michel , lorsqu'ils se rendoient près de vous, n'amenoient-ils pas des personnes avec eux ?

R. Oui , ils ne venoient jamais seuls.

Combien amenoient-ils de personnes chaque fois?

R. Souvent trois ou quatre.

Ces personnes n'étoient-elles point elles-mêmes des
administrateurs ?

R. Je l'ignore.

Michonis et les autres administrateurs , lorsqu'ils se
rendoient près de vous , étoient-ils revêtus de leurs
écharpes ?

R. Je ne m'en rappelle pas.

Sur l'interpellation faite au témoin Hébert, s'il a
connoissance de la manière dont les administrateurs
font leur service , il répond ne pas en avoir une connoissance exacte ; mais il remarque , à l'occasion de
la déclaration que vient de faire l'accusée , que la
famille Capet , pendant son séjour au Temple , étoit
instruite de tout ce qui se passoit dans la ville ; ils
connoissoient tous les officiers municipaux qui venoient
tous les jours y faire leur service , ainsi que les avan-
tures de chacun d'eux , de même que la nature de leurs
différentes fonctions.

Le citoyen Hébert observe qu'il avoit échappé à sa
mémoire un fait important qui mérite d'être mis sous les
yeux des citoyens jurés. Il fera connoître la morale de
l'accusée et de sa belle-sœur. Après la mort de Capet, ces
deux femmes traitoient le petit Capet avec la même
déférence que s'il avoit été roi. Il avoit , lorsqu'il étoit
à table , la préséance sur sa mère et sur sa tante. Il
étoit toujours servi le premier , et occupoit le haut
bout.

L'accusée. L'avez-vous vu?

Hébert. Je ne l'ai pas vu , mais toute la municipalité
le certifiera.

Le président à l'accusée. N'avez-vous pas éprouvé
un tressaillement de joie , en voyant entrer avec Michonis , dans votre chambre à la Conciergerie , le particulier porteur d'œillet?

R. Etant depuis treize mois renfermée sans voir personne de connoissance, j'ai tressaillie dans la crainte qu'il ne fût compromis rapport à moi.

Ce particulier n'a-t-il pas été un de vos agens ?

R. Non.

N'étoit-il pas au ci-devant château des Tuileries le 20 juin ?

R. Oui.

Et sans doute aussi dans la nuit du 9 au 10 août ?

R. Je ne me rappelle pas de l'avoir vu.

N'avez-vous pas eu un entretien avec Michonis sur le compte du particulier porteur de l'œillet ?

R. Non.

Comment nommez-vous ce particulier ?

R. J'ignore son nom.

N'avez-vous pas dit à Michonis que vous craigniez qu'il ne fût pas réélu à la nouvelle municipalité ?

R. Oui.

Quel étoit le motif de vos craintes à cet égard ?

R. C'est qu'il étoit humain envers tous les prisonniers.

Ne lui avez-vous point dit le même jour : C'est peut-être la dernière fois que je vous vois ?

R. Oui.

Pourquoi lui avez-vous dit cela ?

R. C'étoit pour l'intérêt général des prisonniers.

Un juré. Citoyen président, je vous invite à vouloir bien observer à l'accusée qu'elle n'a pas répondu sur le fait dont a parlé le citoyen Hébert, à l'égard de ce qui s'est passé entre elle et son fils.

Le président fait l'interpellation.

L'accusée. Si je n'ai pas répondu, c'est que la nature se refuse à répondre à une pareille inculpation faite à une mère. (*Ici l'accusée paroît vivement émue.*) J'en appelle à toutes celles qui peuvent se trouver ici.

On continue l'audition des témoins.

Abraham Silly, notaire, dépose qu'étant de service au ci-devant château des Tuileries, dans la nuit du 20 au 21 juin 1791, il vit venir près de lui l'accusée, vers les six heures du soir, laquelle lui dit qu'elle vouloit se promener avec son fils ; qu'il chargea le sieur Laroche de l'accompagner ; que quelque temps après, il vit venir Lafayette cinq ou six fois dans la soirée chez

Gouvion ; que celui - ci, vers les dix heures, donna l'ordre de fermer les portes, excepté celle donnant sur la cour dite des ci-devant princes ; que le matin, ledit Gouvion entra dans l'appartement où se trouvoit lui déposant, et lui dit, en se frottant les mains avec un air de satisfaction : *Ils sont partis ;* qu'il lui fut remis un paquet qu'il porta à l'assemblée constituante, dont le citoyen Beauharnois, président, lui donna décharge.

Le pr'sident. A quelle heure Lafayette est-il sorti du château, dans la nuit ?

Le t.moin. A minuit moins quelques minutes.

Le pr.sident à l'accusée. A quelle heure êtes-vous sortie ?

R. Je l'ai déjà dit, à onze heures trois quarts.

Etes-vous sortie avec Louis Capet ?

R. Non, il est sorti avant moi.

Comment est-il sorti ?

R. A pied, par la grande porte.

Et vos enfans ?

P. Ils sont sortis une heure avant avec leur gouvernante : ils nous ont attendu sur la place du petit Carrousel.

Comment nommez-vous cette gouvernante ?

R. De Tourzel.

Quelles étoient les personnes qui étoient avec vous ?

R. Les trois gardes-du-corps qui nous ont accompagné, et qui sont revenus avec nous à Paris.

Comment étoient-ils habillés ?

R. De la même manière qu'ils l'étoient lors de leur retour.

Et vous, comment étiez-vous vêtue ?

R. J'avois la même robe qu'à mon retour.

Combien y avoit-il de personnes instruites de votre départ ?

R. Il n'y avoit que les trois gardes du-corps à Paris qui en étoient instruits ; mais sur la route, Bouillé avoit placé des troupes pour protéger notre départ.

Vous dites que vos enfans sont sortis une heure avant vous, et que le ci-devant roi est sorti seul : qui vous a donc accompagné ?

R. Un des gardes-du-corps.

N'avez-vous pas, en sortant, rencontré Lafayette?

R. J'ai vu en sortant sa voiture passer au Carrousel, mais je me suis bien gardée de lui parler.

Qui vous a fourni ou fait fournir la fameuse voiture dans laquelle vous êtes partie avec votre famille?

R. C'est un étranger.

De quelle nation?

R. Suédoise.

N'est-ce point Fersen, qui demeuroit à Paris, rue du Bacq? (1)

R. Oui.

Pourquoi avez-vous voyagé sous le nom d'une baronne Russe?

R. Parce qu'il n'étoit pas possible de sortir de Paris autrement.

Qui vous a procuré le passe-port?

R. C'est un ministre étranger qui l'avoit demandé.

Pourquoi avez-vous quitté Paris?

R. Parce que le roi vouloit s'en aller.

On entend un autre témoin.

P. J. Terrasson, employé dans les bureaux du ministre de la justice, dépose que, lors du retour du voyage connu sous le nom de Varennes, se trouvant sur le perron du ci-devant château des tuileries, il vit l'accusée descendre de voiture, et jeter sur les gardes nationaux qui l'avoient escortée, ainsi que sur tous les autres citoyens qui se trouvoient sur son passage, le coup-d'œil le plus vindicatif; ce qui fit penser sur le champ, à lui déposant, qu'elle se vengeroit : effectivement, quelque temps après arriva la scène du Champ-de-Mars; il ajoute que Duranthon lui dit, étant ministre de la justice, avec qui il avoit été très-lié à Bordeaux, à raison de la même profession qu'ils y avoient exercée ensemble, que l'accusée s'opposoit à ce que le ci-devant roi donnât sa sanction à différens décrets; mais qu'il lui avoit représenté que cette affaire étoit plus importante qu'elle ne pensoit, et qu'il étoit même urgent qu'ils le fussent promptement; que cette observation fit impression sur l'accusée, et, alors, le roi sanctionna.

Le président à l'accusée. Avez-vous quelques observations à faire sur la déposition du témoin?

R. J'ai à dire que je n'ai jamais assisté au conseil.

____

(1) Colonel du régiment ci-devant Royal-Suédois.

H h 3

Un autre témoin est entendu.

Pierre Manuel, homme de lettres, dépose connoître l'accusée, mais qu'il n'a jamais eu, avec elle ni avec la famille Capet, aucuns rapports, sinon pendant qu'il étoit procureur de la commune, qu'il s'est transporté au Temple plusieurs fois pour faire exécuter les décrets ; que du reste, il n'a jamais eu d'entretien particulier avec la femme du ci-devant roi.

Le président au témoin. Vous avez été administrateur de police ?

R. Oui.

Eh bien ! en cette qualité, vous devez avoir eu des rapports avec la cour ?

R. C'étoit le maire qui avoit les relations avec la cour ; quant à moi, j'étois, pour ainsi dire, tous les jours à la Force, où je faisois, par humanité, autant de bien que je pouvois aux prisonniers.

Louis Capet fit, dans le temps, des éloges de l'administration de police ?

R. L'administration de police étoit divisée en cinq branches, dont l'une étoit les subsistances ; c'est à celle-là que Louis fit une distribution de louanges.

Sur la journée du 20 juin, avez-vous quelques détails à donner ?

R. Ce jour-là, je n'ai quitté mon poste que pendant peu de temps, attendu que le peuple auroit été fâché de ne point y trouver un de ses premiers commettans ; je me rendis dans le jardin du château : là, je parlai avec divers citoyens, et ne fit aucune fonction de municipal.

Dites ce qui est à votre connoissance sur ce qui s'est passé au château, la nuit du 9 au 10 août.

R. Je n'ai point voulu quitter le poste où le peuple m'avoit placé : je suis demeuré toute la nuit au parquet de la commune.

Vous étiez très-lié avec Pétion : il a dû vous dire ce qui s'y passoit ?

R. J'étois son ami par fonction et par estime, et si je l'avois vu dans le cas de tromper le peuple, et d'être initié dans la coalition du château, je l'aurois privé de mon estime. Il m'avoit dit, à la vérité, que le château désiroit la journée du 10 août, pour le rétablissement de l'autorité royale.

Avez-vous eu connoissance que les maîtres du château aient donné l'ordre de faire feu sur le peuple ?

R. J'en ai eu connoissance par le commandant du poste, bon républicain, qui est venu m'en instruire. Alors, j'ai sur le champ mandé le commandant-général de la force armée, et lui ai, en ma qualité de procureur de la commune, défendu expressément de faire tirer sur le peuple.

Comment se fait-il que vous, qui venez de dire que dans la nuit du 9 au 10, vous n'avez point quitté le poste où le peuple vous avoit placé, vous ayez, depuis, abandonné l'honorable fonction de législateur, où sa confiance vous avoit appelé ?

R. Lorsque j'ai vu les orages s'élever dans le sein de la convention, je me suis retiré ; j'ai cru mieux faire : je me suis livré à la morale de Thomas Payne, maître en républicanisme ; j'ai desiré, comme lui, de voir établir le règne de la liberté et de l'égalité sur des bases fixes et durables ; j'ai pu varier dans des moyens que j'ai proposés, mais mes intentions ont été pures.

Comment, vous vous dites bon républicain, vous dites que vous aimez l'égalité, et vous avez proposé de faire rendre à Pétion des honneurs équivalens à l'étiquette de la royauté !.....

R. Ce n'est point à Pétion, qui n'étoit président que pour quinze jours, mais c'étoit au président de la convention nationale, à qui je voulois faire rendre des honneurs, et voici comment : je desirois qu'un huissier et un gendarme le précédassent, et que les citoyens des tribunes se levassent à son entrée. Il fut prononcé, dans le temps, des discours meilleurs que le mien, et je m'y rendis.

Connoissez-vous les noms de ceux qui ont averti que Pétion couroit des risques au château ?

R. Non, je crois seulement que ce sont quelques députés qui en ont averti l'assemblée législative.

Pourquoi avez-vous pris sur vous d'entrer seul dans le Temple, et sur-tout dans les appartemens dits royaux ?

R. Je ne me suis jamais permis d'entrer seul dans les appartemens des prisonniers ; je me suis, au contraire, toujours fait accompagner par plusieurs des commissaires qui y étoient de service.

H h 4

Pourquoi avez-vous marqué de la sollicitude pour les valets de l'accusée, de préférence aux autres prisonniers?

R. Il est vrai qu'à la Force, la fille Tourzel croyoit sa mère morte, la mère en pensoit autant de sa fille; guidé par un acte d'humanité, je les ai réunies.

N'avez-vous pas entretenu des correspondances avec Elisabeth Capet?

R. Non.

Le président à l'accusée. N'avez-vous jamais eu, au Temple, d'entretiens particuliers avec le témoin?

R. Non.

On entend un autre témoin.

Jean-Silvain Bailly, homme de lettres, dépose n'avoir jamais eu de relation avec la famille ci-devant royale; il proteste que les faits contenus en l'acte d'accusation, touchant la déclaration de Charles Capet, sont absolument faux; il observe, à cet égard, que lors des jours qui ont précédé la fuite de Louis, le bruit couroit, depuis quelques jours, qu'il devoit partir; qu'il en fit part à Lafayette, en lui recommandant de prendre à cet égard les mesures nécessaires.

Le président au témoin. N'étiez-vous pas en liaison avec Pastoret et Rœderer? (ex-procureurs-généraux-syndics du département de Paris.)

R. Je n'ai eu avec eux d'autres liaisons que celles d'une relation entre magistrats.

N'est-ce pas vous qui, de concert avec Lafayette, avez fondé le club connu sous le nom de 1789?

R. Je n'en ai pas été le fondateur, et je n'y fus que parce que des Bretons, de mes amis, en étoient. Ils m'invitèrent à en être, en me disant qu'il n'en coûtoit que cinq louis; je les donnai, et fus reçu : eh bien ! depuis, je n'ai assisté qu'à deux diners.

N'avez-vous pas assisté aux conciliabules tenus chez le ci-devant la Rochefoucault?

R. Je n'ai jamais entendu parler de conciliabules; il se peut faire qu'il en existât, mais je n'ai jamais assité à aucuns.

Si vous n'aviez pas de conciliabules, pourquoi, lors du décret du 19 juin 1790, par lequel l'assemblée constituante, voulant donner aux vainqueurs de la Bastille le témoignage éclatant de la reconnoissance

d'une grande nation, les récompensoit de leur courage
et de leur zèle, notamment en les plaçant d'une manière distinguée au milieu de leurs frères, dans le
Champ-de-Mars, le jour de la fédération ; pourquoi,
dis-je, avez-vous excité des troubles entre eux et leurs
frères d'armes, les ci-devant gardes-françaises ; puis,
ensuite, été faire le pleureur à leur assemblée, et les
avez-vous forcé de reporter la gratification dont ils
avoient été honorés ?

R. Je ne me suis rendu auprès d'eux qu'à la demande de leurs chefs, à l'effet d'opérer la réconciliation
des deux partis ; c'est, d'ailleurs, l'un d'eux qui a fait
la motion de remettre les décorations dont l'assemblée
constituante les avoit honorés, et non pas moi.

Ceux qui ont fait cette motion ayant été reconnus
pour vous être attachés en qualité d'espions, les
braves vainqueurs en ont fait justice, en les chassant
de leur sein.

R. On s'est étrangement trompé à cet égard.

N'avez-vous pas prêté les mains au voyage de Saint-
Cloud, au mois d'avril, et de concert avec Lafayette,
n'avez-vous pas sollicité, auprès du département, l'ordre
de déployer le drapeau rouge ?

R. Non.

Etiez-vous instruit que le ci-devant roi recéloit, dans
le château, un nombre considérable de prêtres réfractaires ?

R. Oui, je me suis même rendu chez le roi, à la
tête de la municipalité, pour l'inviter de renvoyer les
prêtres insermentés qu'il avoit chez lui.

Pourriez-vous indiquer les noms des habitués du
château, connus sous le nom de chevaliers du
poignard ?

R. Je n'en connois aucuns.

A l'époque de la révision de la constitution de 1791,
ne vous êtes-vous pas réuni avec les Lameth, Barnave,
Desmeunier, Chapellier, et autres fameux réviseurs coalisés, ou pour mieux dire, vendus à la cour, pour dé-
pouiller le peuple de ses droits légitimes, et ne lui
laisser qu'un simulacre de liberté ?

R. Lafayette s'est réconcilié avec les Lameth, mais
moi, je n'ai pu me raccommoder, n'ayant pas été lié
avec eux.

Il paroît que vous étiez très-lié avec Lafayette, et que vos opinions s'accordoient assez bien ?

R. Je n'avois avec lui d'autre intimité que relativement à sa place ; du reste, dans le temps, je partageois sur son compte l'opinion de tout Paris.

Vous dites n'avoir jamais assisté à aucun conciliabule, mais comment se fait-il qu'au moment où vous vous êtes rendu à l'assemblée constituante, Charles Lameth tira la réponse qu'il vous fit, de dessous son bureau ; cela prouve qu'il existoit une criminelle coalition ?

R. L'assemblée nationale avoit, par un décret, mandé les autorités constituées ; je m'y suis rendu avec les membres du département et les accusateurs publics. Je ne fis que recevoir les ordres de l'assemblée, et ne portai point la parole ; ce fut le président du département qui prononça le discours sur l'évènement.

N'avez-vous point aussi reçu les ordres d'Antoinette, pour l'exécution du massacre des meilleurs patriotes ?

R. Non ; je n'ai été au Champ-de-Mars que d'après un arrêté du conseil-général de la commune.

C'étoit avec la permission de la municipalité que les patriotes s'étoient rassemblés au Champ-de-Mars, ils en avoient fait leur déclaration au greffe, on leur en avoit délivré un reçu ; comment avez-vous pu déployer contre eux l'infernal drapeau rouge ?

R. Le conseil ne s'est décidé que parce que, depuis le matin que l'on avoit été instruit que deux hommes avoient été massacrés au Champ-de-Mars, les rapports qui se succédoient devenoient plus alarmans d'heure en heure, le conseil fut trompé, et se décida à employer la force armée.

N'est-ce point le peuple, au contraire, qui a été trompé par la municipalité ? ne seroit-ce point elle qui avoit provoqué le rassemblement, à l'effet d'y attirer les meilleurs patriotes, et les y égorger ?

R. Non, certainement.

Qu'avez-vous fait des morts, c'est-à-dire, des patriotes qui y ont été assassinés ?

R. La municipalité ayant dressé procès-verbal, les fit transporter dans la cour de l'hôpital militaire, au Gros-Caillou, où le plus grand nombre fut reconnu.

A combien d'individus se montoit-il ?

R. Le nombre en fut déterminé et rendu public, par le procès-verbal que la municipalité fit afficher dans le temps ; il y en avoit douze ou treize.

Un juré. J'observe au tribunal, que me trouvant ce jour-là au Champ-de-Mars avec mon père, au moment où le massacre commença, je vis tuer, près de la rivière, où je me trouvai, dix-sept à dix-huit personnes des deux sexes ; nous-mêmes n'évitâmes la mort qu'en entrant dans la rivière jusqu'au cou.

Le témoin garde le silence.

Le président à l'accusée. A combien pouvoit se monter le nombre des prêtres que vous aviez dans le château ?

R. Nous n'avions auprès de nous que les prêtres qui disoient la messe.

Ils étoient insermentés ?

R. La loi permettoit au roi, à cet égard, de prendre qui il vouloit.

Quel a été le sujet de vos entretiens sur la route de Varennes, en revenant, avec Barnave et Pétion, à Paris ?

R. On a parlé de choses et d'autres, fort indifférentes.

On continue l'audition des témoins.

Jean-Baptiste Hébain, dit Perceval, ci-devant employé aux chasses, et actuellement enregistré pour travailler à la fabrication des armes, dépose que le premier octobre 1789, se trouvant à Versailles, il a eu connoissance du premier repas des gardes-du-corps, mais qu'il n'y a point assisté ; que le 5 du même mois, il a, en sa qualité d'aide-de-camp du ci-devant comte d'Estaing, prévenu ce dernier qu'il y avoit des mouvemens dans Paris ; que d'Estaing n'en tint pas compte ; que vers l'après-midi, la foule augmenta considérablement ; qu'il a averti d'Estaing pour la seconde fois, mais qu'il ne daigna pas même l'écouter. (Le témoin entre dans le détail de l'arrivée des Parisiens à Versailles, entre onze heures et minuit.)

Le président. Ne portiez-vous point, à cette époque, une décoration ?

R. Je portois le ruban de l'ordre de Limbourg ; j'en avois, comme tout le monde, acheté le brevet, moyennant 1500 liv.

N'avez-vous point, après l'orgie des gardes-du corps, été dans la cour de marbre, et là, n'avez-vous pas, un des premiers, escaladé le balcon du ci-devant roi ?

R. Je me suis trouvé à l'issue du repas des gardes-du-corps ; et comme ils dirigeoient leurs pas vers le château , je les y ai accompagnés.

Le président , au témoin Lecointre. Rendez compte au tribunal de ce qui est à votre connoissance, touchant le témoin présent.

R. Je sais que Perceval a escaladé le balcon de l'appartement du ci-devant roi, qu'il fut suivi , un grenadier du régiment de Flandre ; et qu'arrivé dans l'appartement de Louis Capet , Perceval embrassa , en présence du tyran, qui s'y trouvoit , iedit grenadier, et lui dit : il n'y a plus de régiment de Flandres , nous sommes tous gardes royales ; un dragon des Trois-Évêchés , ayant essayé d'y monter après eux , et ne pouvant y réussir , voulut se détruire. Le déposant observe que ce n'est point comme témoin oculaire qu'il dépose de ce fait , mais bien d'après le témoin Perceval, qui, le même jour, lui en fit confidence, et qui , par la suite, a été reconnu exact. Il invite , en conséquence, le citoyen président de vouloir bien interpeler Perceval de déclarer si, oui , ou non , il se rappelle lui avoir tenu les propos du détail dont est question.

Perceval. Je me rappelle avoir vu le citoyen Lecointre, je crois même lui avoir fait part de l'histoire du balcon ; je sais qu'il étoit, le 5 octobre et le lendemain , à la tête de la garde nationale , en l'absence de d'Estaing , qui étoit disparu.

Lecointre soutient sa déposition sincère et véritable.

On entend un autre témoin.

Reine Millot, fille domestique, dépose qu'en 1783 , se trouvant de service au grand commun, à Versailles, elle avoit pris sur elle de demander au ci-devant comte de Coigny, qu'elle voyoit un jour de bonne humeur : est-ce que l'empereur continuera toujours à faire la guerre aux Turcs ? Mais, mon Dieu ! cela ruinera la la France, par le grand nombre de fonds que la reine fait passer, pour cet effet, à son frère, et qui , en ce moment, doivent au moins se monter à 200,000,000. Tu ne te trompes pas, répondit-il : oui , il en coûte déjà plus de 200,000,000, et nous ne sommes pas au bout.

Il est à ma connoissance, ajoute la témoin, qu'après le 23 juin 1789, me trouvant dans un endroit où étoient des gardes d'Artois et des officiers de hussards, j'entendis les premiers dire, à l'occasion d'un massacre projeté contre les gardes françaises, il faut que chacun soit à son poste et fasse son devoir ; mais que les gardes françaises, ayant été instruit à temps de ce qui se tramoit contre eux, crièrent aux armes ; alors le projet se trouvant découvert, il ne put avoir lieu.

J'observe aussi, continue la témoin, avoir été instruite, par différentes personnes, que l'accusée ayant conçu le dessein d'assassiner le duc d'Orléans, le roi, qui en fut instruit, ordonna qu'elle fût incontinent fouillée ; que par suite de cette opération, on trouva sur elle deux pistolets ; alors, il la fit consigner dans son appartement pendant quinze jours.

L'accusée. Il se peut que j'aie reçu, de mon époux, l'ordre de rester quinze jours dans mon appartement, mais ce n'est pas pour une cause pareille.

La témoin. Il est à ma connoissance que, dans les premiers jours d'octobre 1789, des femmes de la cour ont distribué, à différens particuliers de Versailles, des cocardes blanches.

L'accusée. Je me rappelle avoir entendu dire que le lendemain ou le surlendemain du jour du repas des gardes du-corps, des femmes ont distribué de ces cocardes ; mais, ni moi, ni mon époux, n'avons été les moteurs de pareils désordres.

Le président. Quelles sont les démarches que vous avez faites pour les faire punir, lorsque vous en avez été instruite ?

R. Aucune.

On entend un autre témoin.

Jean-Baptiste Labénette dépose qu'il est parfaitement d'accord sur un grand nombre de faits contenus en l'acte d'accusation ; il ajoute que trois particuliers sont venus pour l'assassiner, au nom de l'accusée.

Le président à l'accusée. Lisiez-vous l'Orateur du peuple ?

R. Jamais.

François Dufresne, gendarme, dépose s'être trouvé dans la chambre de l'accusée au moment où l'œillet lui fut remis ; il a connoissance que, sur ce billet, il y avoit écrit : Que faites-vous ici, nous avons des bras et de l'argent à votre service ?

Magdeleine Rosay, femme Richard, ci-devant concierge de la maison d'arrêt, dite la Conciergerie du palais, dépose que le gendarme Gilbert lui ayant dit que l'accusée avoit reçu visite d'un particulier, amené par Michonis, administrateur de police, lequel lui avoit remis un œillet dans lequel étoit un billet, qu'ayant pensé qu'il pouvoit compromettre elle déposante, elle en fit part à Michonis, qui lui répondit que jamais il n'amèneroit personne auprès de la veuve Capet.

Toussaint Richard déclare connoître l'accusée pour avoir été mise sous sa garde, depuis le 12 août dernier.

Marie Devaux, femme Arel, dépose avoir resté près de l'accusée, à la Conciergerie, pendant quarante et un jours ; n'a rien vu ni entendu, sinon qu'un particulier étoit venu avec Michonis, et lui avoit remis un billet ployé dans un œillet ; qu'elle, déposante, étoit à travailler, et qu'elle a vu revenir ledit particulier une seconde fois dans la journée.

L'accusée. Il est venu deux fois dans l'espace d'un quart-d'heure.

Le président à la témoin. Qui vous a placée près la veuve Capet ?

R. C'est Michonis et Jobert.

Jean Gilbert, gendarme, dépose du fait de l'œillet. Il ajoute que l'accusée se plaignoit à eux gendarmes de la nourriture qu'on lui donnoit, mais qu'elle ne vouloit pas s'en plaindre aux administrateurs ; qu'à cet égard, il appela Michonis, qui se trouvoit dans la cour des femmes, avec le particulier porteur de l'œillet ; que Michonis étant remonté, il a entendu l'accusée lui dire : Je ne vous reverrai donc plus ? Oh ! pardonnez-moi, répondit-il, je serai toujours au moins municipal, et en cette qualité, j'aurai droit de vous revoir. Le déposant observe que l'accusée lui a dit avoir des obligations à ce particulier.

L'accusée. Je ne lui ai d'autres obligations que celle de s'être trouvé près de moi le 20 juin.

On passe à l'audition d'un autre témoin.

D'Estaing, interrogé de ses noms, surnoms et qualité, a répondu qu'il s'appeloit Charles-Henri Estaing, matelot et soldat.

Le président au témoin. Pourquoi ne prenez vous que ces qualifications militaires, n'en n'avez-vous p. . d'autres?

R. Ces qualités sont les premières de toutes ; j'ai , d'ailleurs , le titre d'amiral ; j'étois aussi lieutenant-général de terre , d'après un décret de l'assemblée législative , qui vouloit que je fus susceptible de servir ma patrie sous ces deux différens rapports.

Connoissez-vous l'accusée?

R. Oui , je la connois depuis qu'elle est en France : j'ai même à me plaindre d'elle ; j'ai cru et je crois qu'elle m'a empêché de recevoir la récompense de mes services , du sang que j'ai répandu en Amérique , sur la terre de la liberté , et d'être fait maréchal de France; mais je n'en dirai pas moins la vérité. Je n'ai rien à dire de relatif à l'acte d'accusation.

Est-il à votre connoissance que Louis Capet et sa famille devoient partir de Versailles le 5 octobre?

R. Non.

Avez-vous connoissance que les chevaux aient été mis et ôtés plusieurs fois ?

R. Oui , suivant les conseils que recevoit la cour ; mais j'observe que la garde nationale n'auroit point souffert ce départ.

N'avez-vous pas vous-même fait sortir des chevaux , ce jour-là , pour faire fuir la famille royale?

R. Non.

Avez-vous connoissance que des voitures ont été arrêtées à la porte de l'orangerie ?

R. Oui.

Avez-vous été au château ce jour-là?

R. Oui.

Y avez-vous vu l'accusée ?

R. Oui.

Qu'avez-vous entendu au château ?

Le témoin a laissé échapper ces mots : *Je la déteste....* Peuple françois , je vous demande pardon de ce que je viens de dire ; oui , je la déteste. Mais vous voulez la vérité , je vais vous la dire : J'ai entendu des conseillers de cour dire à l'accusée que le peuple de Paris alloit arriver pour la massacrer , et qu'il falloit qu'elle partît ; à quoi elle avoit répondu , avec un grand caractère: Si les Parisiens viennent ici pour m'assassiner, c'est aux pieds de mon mari que je le serai , mais je ne fuirai pas.

L'accusée. Cela est exact ; on vouloit m'engager à partir seule , parce que , disoit - on , il n'y avoit que moi qui couroit des dangers ; je fis la réponse dont parle le témoin.

Le président au témoin. Avez-vous connoissance des repas donnés par les ci-devant gardes-du-corps ?

R. Oui.

Avez-vous su que l'on y a crié vive le roi , et vive la famille royale ?

R. Oui , je sais même que l'accusée a fait le tour de la table en tenant son fils par la main.

N'en avez-vous point aussi donné à la garde nationale de Versailles , à son retour de Ville-Parisis , où elle avoit été chercher des fusils ?

R. Oui.

Vous avez voulu engager le citoyen Lecointre à se trouver à un second diner des gardes-du-corps ?

R. Si je l'ai fait , ce que je ne me rappelle pas , j'ai eu sans doute pour objet , ne devant pas y aller moi-même , d'y envoyer un officier dont le patriotisme étoit aussi reconnu. J'observe que le but de toute ma conduite a été d'empêcher l'effusion du sang , et de veiller à ce que la portion du peuple , habitant de Versailles , attendît et reçût avec calme la masse de celui de Paris , pour , après , en suivre l'impulsion ; lorsque j'étois à la municipalité de Versailles , une grande foule de Parisiens , non organisée , étoit déjà arrivée ; sous le prétexte de cette foule , il auroit pu se commettre des vols , et la propriété des citoyens de Versailles auroit pu être attaquée ; c'étoit pour l'éviter , que la municipalité de cette ville m'avoit autorisé , par écrit , à repousser la force par la force , en me recommandant d'employer auparavant tous les moyens de douceur , c'étoit indubitablement la seule chose qu'elle avoit entendue , l'unique que je voulois et pouvois exécuter , et la seule que la municipalité de Versailles devoit entendre , en donnant un pareil ordre. La foule parisienne , arrivée à Versailles vers les onze heures du matin , étoit déjà immense , qu'elle avoit avec elle deux petites pièces de canon. Si les voleurs avoient hasardé de profiter de l'occasion pour commettre des brigandages et piller les magasins de Lecointre , je serois mort devant la porte de ce citoyen pour l'empêcher ;

à

Qu'à l'égard du retour de la ci-devant famille royale à Versailles, il sembloit alors pardonnable à cette municipalité de le désirer. La révolution étoit naissante, et tout le monde n'étoit pas encore inspiré par cet élan sublime qui a fait totalement oublier les intérêts particuliers.

Etiez-vous, le 5 octobre, en votre qualité de commandant-général, à la tête de la garde nationale ?

R. Est-ce sur le matin ou l'après-midi, que vous voulez que je réponde ?

Depuis midi jusqu'à deux heures.

R. J'étois alors à la municipalité.

N'étoit-ce pas pour obtenir l'ordre d'accompagner Louis Capet dans sa retraite, et le ramener ensuite, disiez-vous, à Versailles ?

R. Au contraire ; dès que Lafayette fut arrivé, il m'a témoigné qu'il vouloit avoir affaire au commandant en second ; je me suis retiré, pour ne reparoître que le matin, et accompagner à cheval la ci-devant famille royale à Paris, ainsi que je l'avois promis à la municipalité de Versailles.

Ne vous êtes-vous pas mis, le 5 octobre, à la tête des gardes-du-corps ?

R. Je ne l'ai pas fait ; j'ai simplement traversé un de leurs escadrons, pour aller seul me placer au milieu de la foule des Parisiens, et parler spécialement aux citoyennes de la halle, qui me connoissoient, m'écoutèrent et me traitèrent bien.

Le président au témoin Lecointre. Citoyen, n'aviez-vous pas dit, dans la déposition que vous avez faite hier, que le déposant ne s'étoit point trouvé, le 5 octobre, à la tête de la garde nationale, où son devoir l'appeloit ?

Lecointre. J'affirme que non-seulement d'Estaing ne s'est point trouvé, depuis midi jusqu'à deux heures, à l'assemblée de la garde nationale, qui eut lieu ce jour-là, 5 octobre, mais qu'il n'a point paru de la journée ; que pendant ce temps, il étoit, à la vérité, à la municipalité, c'est-à-dire, avec la portion des officiers municipaux vendus à la cour ; que là, il obtint d'eux un ordre ou pouvoir d'accompagner le ci-devant roi dans sa retraite, sous la promesse de le ramener à Versailles le plutôt possible.

J'observe, continue Lecointre, que les municipaux d'alors trahirent doublement leur devoir, 1°. parce qu'ils ne devoient point se prêter à une manœuvre criminelle, en favorisant la fuite du ci devant roi ; 2°. c'est que, pour prévenir le résultat des événemens, ils eurent grand soin de ne laisser subsister aucuns indices sur les registres, qui pussent attester formellement que cette permission, ou pouvoir, eût été délivré à dessein.

Le témoin. J'observe au citoyen Lecointre qu'il se trompe, ou que, du moins, il est dans l'erreur, attendu que la permission dont est question, est datée du 6, et que ce n'est qu'en vertu d'elle que j'ai parti, le même jour, à onze heures du matin, pour accompagner le ci-devant roi à Paris.

Lecointre. Je persiste à soutenir que je ne suis pas dans l'erreur, à cet égard ; je me rappelle très-bien que la pièce originale, que j'ai déposée hier entre les mains du greffier, contient en substance que d'Estaing est autorisé à employer les voies de conciliation avec les Parisiens, et qu'en cas de non-réussite à cet égard, de repousser la force par la force ; les citoyens jurés comprendront aisément que ces dernières dispositions ne peuvent être applicables à la journée du 6, puisqu'alors la cour étoit à la disposition de l'armée parisienne. J'invite, à cet égard, l'accusateur public et le tribunal de vouloir bien ordonner que la lettre d'Estaing, que j'ai déposée hier, soit lue, attendu qu'elle porte avec elle la preuve des faits dont je viens de parler.

Lecture est faite de ladite pièce, dans laquelle se trouve ce qui suit :

« Le dernier article de l'instruction que notre muni-
» cipalité m'a donné, le 5 de ce mois, à quatre heures
» après-midi, me prescrit de ne rien négliger pour ra-
» mener le roi à Versailles le plutôt possible ».

Le témoin. Je ne fais pas l'apologie sur le nom du ci-devant roi et de la ci-devant famille royale, dont il est parlé dans ma lettre, parce que tel étoit l'idiôme du temps, et qu'on s'occupoit encore de ces misères-là.

Le président au témoin. Persistez-vous à dire que cette permission ne vous a pas été délivrée le 5 octobre ?

R. Je me suis trompé dans la date, j'avois pensé qu'elle étoit du 6. Dans l'âge mûr, il est difficile de se ressouvenir ponctuellement de tout ce qui s'est passé lorsqu'on étoit au berceau. Il est évident que je n'ai pu être à la municipalité le 6 octobre après-midi, puisqu'alors la famille ci-devant royale étoit sur le chemin de Paris, et que j'étois, à cheval, à côté de la voiture ; ma méprise ayant fait desirer, par le citoyen Lecointre, la lecture de la lettre que j'avois écrite, le 8 octobre, à la garde nationale de Versailles, lettre dont elle avoit, dans le temps, ordonné l'impression, et dont un exemplaire a paru être remis, par le citoyen Lecointre, entre les mains du citoyen greffier, je me trouve, par cette lecture, avoir prévenu d'autres objections, fait preuve de mes sentimens, et avoir rappelé ma mémoire sur la méprise de la date du 5 au 6 octobre.

Vous rappelez-vous que la permission que vous aviez obtenu vous autorisât à repousser la force par la force, après avoir épuisé les voies de conciliation?

R. Oui, je m'en rappelle.

On entend un autre témoin.

Antoine Simon, ci-devant cordonnier, employé en ce moment, en qualité d'instituteur, auprès de Charles-Louis Capet, fils de l'accusée, déclare connoître Antoinette depuis le 30 août dernier, qu'il monta, pour la première fois, la garde au Temple.

Le déposant observe que pendant le temps que Louis Capet et sa famille avoient la liberté de se promener dans le jardin du Temple, ils étoient instruits de tout ce qui se passoit, tant à Paris que dans l'intérieur de la république.

Le président au témoin. Avez-vous eu connoissance des intrigues qui ont eu lieu au Temple pendant que l'accusée y étoit?

R. Oui.

Quels sont les administrateurs qui étoient dans l'intelligence?

R. Le petit Capet m'a déclaré que Toulan, Pétion, Lafayette, Lépitre, Bougnot, Michonis, Vincent, Manuel, Lebœuf, Jobert et Daugé, étoient ceux pour qui sa mère avoit le plus de prédilection ; que ce dernier l'avoit pris entre ses bras, et lui avoit dit en présence de sa mère : je voudrois bien que tu fusses à la place de ton père.

L'accusée. J'ai vu mon fils jouer aux petits palets dans

le jardin avec Daugé ; mais je n'ai jamais vu celui-ci le prendre entre ses bras.

Le président au témoin. Avez-vous connoissance que pendant que les administrateurs étoient avec l'accusée et sa belle-sœur, on ait enfermé le petit Capet et sa sœur dans une tourelle ?

R. Oui.

Est-il à votre connoissance que le petit Capet ait été traité en roi, principalement lorsqu'il étoit à table ?

R. Je sais que sa mère et sa tante, à table, lui donnoient le pas.

Le président à l'accusée. Depuis votre détention, avez-vous écrit à la Polignac ?

R. Non.

N'avez-vous pas signé des bons pour toucher des fonds chez le trésorier de la liste civile ?

R. Non.

L'accusateur public. Je vous observe que votre dénégation deviendra inutile dans un moment, attendu qu'il a été trouvé, dans les papiers de Septeuil, deux bons signés de vous ; à la vérité, ces deux pièces, qui ont été déposées dans le comité des 24, se trouvent en ce moment égarées, cette commission ayant été dissoute ; mais vous allez entendre les témoins qui les ont vues.

Un autre témoin est entendu.

François Tisset, marchand, rue de la Barillerie, employé sans salaire, à l'époque du 10 août 1792, au comité de surveillance de la municipalité, dépose, qu'ayant été chargé d'une mission à remplir chez Septeuil, trésorier de la ci-devant liste civile, il s'étoit fait accompagner par la force armée de la section de la place Vendôme, aujourd'hui des Piques, qu'il ne put se saisir de sa personne, attendu qu'il étoit absent ; mais qu'il trouva dans la maison, Boucher, trésorier de la liste civile, ainsi que Morillon et sa femme, lesquels il conduisit à la mairie ; que parmi les papiers de Septeuil, on trouva deux bons, formant la somme de 80,000 liv., signés *Marie-Antoinette*, ainsi qu'une caution de deux millions, signée *Louis*, payable à raison de 110,000 liv. par mois, sur la maison Laporte, à Hambourg ; qu'il fut trouvé également un grand nombre de notes de plusieurs paiemens faits à Favras et autres, un reçu signé *Bouillé*, pour une somme de 900,000 livres, un autre de 200,000 liv., etc.; lesquelles pièces ont toutes été déposées à la commission des 24, qui, en ce moment, est dissoute.

L'accusée. Je désirerois que le témoin déclarât de quelle date étoient les bons dont il parle.

Le témoin. L'un étoit daté du 10 août 1792; quant à l'autre, je ne m'en rappelle pas.

L'accusée. Je n'ai jamais fait aucuns bons, et surtout, comment en aurois-je pu faire, le 10 août, que nous nous sommes rendus vers les huit heures du matin à l'assemblée nationale?

N'avez-vous pas, ce jour-là, étant à l'assemblée législative, dans la loge du Moniteur, reçu de l'argent de ceux qui vous entouroient?

R. Ce ne fut pas dans la loge du Moniteur, mais bien pendant les trois jours que nous avons demeuré aux Feuillans, que nous trouvant sans argent, attendu que nous n'en avions pas emporté, nous avons accepté celui qui nous a été offert.

Combien en avez-vous reçu?

R. Vingt-cinq louis d'or simples; ce sont les mêmes qui ont été trouvés dans mes poches, lorsque j'ai été conduite du Temple à la Conciergerie : regardant cette dette comme sacrée, je les avois conservés intacts, afin de les redonner à la personne qui me les avoit remis, si je l'avois vue.

Comment nommez-vous cette personne?

R. C'est la femme Auguel.

Un autre témoin est entendu.

Jean-François Lépitre, instituteur, dépose avoir vu l'accusée au Temple, lorsqu'il y faisoit son service, en qualité de commissaire notable de la municipalité provisoire; mais qu'il n'a jamais eu d'entretien particulier avec elle, ne lui ayant jamais parlé qu'en présence de ses collègues.

Le président au témoin. Ne lui avez-vous pas quelquefois parlé politique?

R. Jamais.

Ne lui avez-vous pas procuré les moyens de savoir des nouvelles, en envoyant tous les jours un colporteur crier le journal du soir près la tour du Temple?

R. Non.

Le président à l'accusée. Avez-vous quelques observations à faire sur la déclaration du témoin ?

R. Je n'ai jamais eu de conversation avec le témoin ; d'un autre côté, je n'avois pas besoin que l'on engageât les colporteurs à venir près de la tour , je les entendois assez tous les jours, lorsqu'ils passoient rue de la Corderie.

Représentation faite d'un petit paquet , à l'accusée, elle déclare le reconnoître pour être le même sur lequel elle a apposé son cachet , lorsqu'elle a été transférée du Temple à la Conciergerie.

Ouverture faite dudit paquet, le greffier en fait l'inventaire , ainsi qu'il suit :

Un paquet de cheveux de diverses couleurs.

L'accusée. Ils viennent de mes enfans, morts et vivans, et de mon époux.

Un autre paquet de cheveux.

L'accusée. Ils viennent des mêmes individus.

Un papier sur lequel sont des chiffres.

L'accusée. C'est une table pour apprendre à compter à mon fils.

Divers papiers de peu d'importances, tels que mémoires de blanchisseuses , etc. etc.

Un porte-feuille en parchemin et en papier , sur lequel se trouvent écrits les noms de diverses personnes , sur l'état desquelles le président interpelle l'accusée de s'expliquer , ainsi qu'il suit :

Quelle est la femme Salentin ?

R. C'est celle qui étoit depuis long-temps chargée de toutes mes affaires.

Quelle est la demoiselle Vion ?

R. C'étoit celle qui étoit chargée du soin des hardes de mes enfans.

Et la dame Chaumette ?

R. C'est celle qui a succédé à la demoiselle Vion.

Quel est le nom de la femme qui prenoit soin de vos dentelles ?

R. Je ne sais pas son nom ; c'étoit les femmes Salentin et Chaumette qui l'employoient.

Quel est le Bernier dont le nom se trouve écrit ici ?

R. C'est le médecin qui avoit soin de mes enfans.

L'accusateur public requiert qu'il soit à l'instant déli-

vré des mandats d'amener contre les femmes Salentin,
Vion et Chaumette, et qu'à l'égard du médecin Bernier,
il soit simplement assigné.

Le tribunal fait droit sur le réquisitoire.

Le greffier continue l'inventaire des effets.

Une servante, ou petit porte-feuille, garni de ciseaux,
éguilles, soie et fil, etc.

Un petit miroir.

Une bague en or, sur laquelle sont des cheveux.

Un papier, sur lequel sont deux cœurs en or, avec des
lettres initiales.

Un autre papier, sur lequel est écrit : *Prière au sacré
cœur de Jésus, prière à l'immaculée conception.*

Un portrait de femme.

Le président. De qui est ce portrait ?

L'accusée. De madame Lamballe.

Deux autres portraits de femmes.

Le président. Quelles sont les personnes que ces portraits représentent ?

L'accusée. Ce sont deux dames avec qui j'ai été élevée
à Vienne.

Le président. Quels sont leurs noms ?

L'accusée. Les dames de Mecklembourg et de Hesse.

Un rouleau de vingt-cinq louis dor, simples.

L'accusée. Ce sont ceux qui m'ont été prêtés pendant
que nous étions aux Feuillans.

Un petit morceau de toile, sur lequel se trouve un
cœur enflammé, traversé d'une flèche.

L'accusateur public invite le témoin Hébert à examiner
ce cœur, et à déclarer s'il le reconnoit pour être celui
qu'il a déclaré avoir trouvé au Temple.

Hébert. Ce cœur n'est point celui que j'ai trouvé,
mais il lui ressemble, à peu de chose pres.

L'accusateur public observe que, parmi les accusés
qui ont été traduits devant le tribunal, comme conspirateurs, et dont la loi a fait justice, en les frappant de
son glaive, on a remarqué que la plupart, ou pour mieux
dire, la majeure partie d'entre eux, portoit ce signe
contre-révolutionnaire.

Hébert observe qu'il n'est point à sa connoissanceque
les femmes Salentin, Vion et Chaumette aient été employées au Temple pour le service des prisonniers.

L'accusée. Elles l'ont été dans les premiers temps.

L'accusateur public. N'avez-vous point fait, quelques jours après votre évasion du 20 juin, une commande d'habits de sœurs-grises?

R. Je n'ai jamais fait de pareilles commandes.

On entend un autre témoin.

Philippe-François-Gabriel la Tour-du-Pin-Gouvernet, ancien militaire au service de France, dépose connoître l'accusée depuis qu'elle est en France ; mais il ne sait aucun des faits contenus en l'acte d'accusation.

Le président au témoin. N'avez-vous point assisté aux fêtes du château ?

R. Jamais, pour ainsi dire, je n'ai fréquenté la cour.

Ne vous êtes-vous pas trouvé aux repas des ci-devant gardes-du-corps ?

R. Je ne pouvois point y assister, puisqu'à cette époque j'étois commandant en Bourgogne.

Comment ! est-ce que vous n'étiez point alors ministre ?

R. Je ne l'ai jamais été, et n'aurois point voulu l'être, si ceux qui étoient alors en place me l'eussent offert.

Le président au témoin Lecointre. Connoissez-vous le déposant pour avoir été, en 1789, ministre de la guerre ?

R. Je ne connois pas le témoin pour avoir été ministre ; celui qui l'étoit à cette époque est ici, et va être entendu à l'instant.

On fait entrer le témoin.

Jean-Frédéric la Tour-du-Pin, militaire et ex-ministre de la guerre, dépose connoître l'accusée, mais il déclare ne connoître aucun des faits portés en l'acte d'accusation.

Le président au témoin. Etiez-vous ministre le premier octobre 1789 ?

R. Oui.

Vous avez sans doute, à cette époque, entendu parler des repas des ci-devant gardes-du-corps ?

R. Oui.

N'étiez-vous point ministre, à l'époque où les troupes sont arrivées à Versailles, dans le mois de juin 1789 ?

R. Non, j'étois alors député à l'assemblée.

Il paroît que la cour vous avoit des obligations, pour vous avoir fait ministre de la guerre ?

R. Je ne crois pas qu'elle m'en eût aucune.

Où étiez-vous le 23 juin , lorsque le ci-devant roi est venu tenir le fameux lit de justice au milieu des représentans du peuple ?

R. J'étois à ma place de député à l'assemblée nationale.

Connoissez-vous les rédacteurs de la déclaration dont le roi fit lecture à l'assemblée?

R. Non.

N'avez-vous point entendu dire que ce fut Linguet , d'Esprémenil , Barentin , Lally-Tollendal , Desmeuniers , Bergasse ou Thouret?

R. Non.

Avez-vous assisté au conseil du ci-devant roi , le 5 octobre 1789?

R. Oui.

D'Estaing y étoit-il ?

R. Je ne l'y ai pas vu.

D'Estaing prend la parole , et dit : Et bien ! j'avois donc , ce jour-là , la vue meilleure que vous , car je me rappelle très-bien vous y avoir vu.

Le président. Avez-vous connoissance que ce jour , 5 octobre , la famille royale devoit partir par Rambouillet pour se rendre ensuite à Metz ?

La Tour-du-Pin. Je sais que ce jour-là , il a été agité dans le conseil si le roi partiroit , oui ou non.

Savez-vous les noms de ceux qui provoquoient le départ ?

R. Je ne les connois pas.

Quel pouvoit être le motif sur lequel ils fondoient ce départ ?

R. Sur l'affluence du monde qui étoit venu de Paris à Versailles , et sur ceux que l'on y attendoit encore , et que l'on disoit en vouloir à la vie de l'accusée.

Quel a été le résultat de la délibération ?

R. Que l'on resteroit.

Où proposoit-on d'aller ?

R. A Rambouillet.

Avez-vous vu l'accusée , en ces momens-là , au château ?

R. Oui.

N'est-elle pas venue au conseil ?

R. Je ne l'ai point vu venir au conseil; je l'ai seulement vu entrer dans le cabinet de Louis XVI.

Vous dites que c'étoit à Rambouillet que la cour devoit aller, ne seroit-ce pas plutôt à Metz ?

R. Non.

En votre qualité de ministre, n'avez-vous point fait préparer des voitures, et commander des piquets de troupes sur la route, pour protéger le départ de Louis Capet ?

R. Non.

Il est cependant constant que tout étoit préparé à Metz pour y recevoir la famille Capet ; des appartemens y avoient été meublés en conséquence.

R. Je n'ai aucune connoissance de ce fait

Est-ce par l'ordre d'Antoinette, que vous avez envoyé votre fils à Nancy, pour diriger le massacre des braves soldats qui avoient encouru la haine de la cour, en se montrant patriotes ?

R. Je n'ai envoyé mon fils à Nancy que pour y faire exécuter les décrets de l'assemblée nationale ; ce n'étoit donc pas par les ordres de la cour que j'agissois, mais bien parce que c'étoit alors le vœu du peuple. Les Jacobins même, lorsque M. Camus fut à leur société faire lecture du rapport de cette affaire, l'avoient vivement applaudi.

Un juré. Citoyen président, je vous invite à vouloir bien observer au témoin qu'il y a, de sa part, erreur ou mauvaise foi, attendu que jamais Camus n'a été membre des Jacobins, et que cette société étoit loin d'approuver les mesures de rigueur qu'une faction liberticide avoit fait décréter contre les meilleurs citoyens de Nancy.

R. Je l'ai entendu dire dans le temps.

Est-ce par les ordres d'Antoinette que vous avez laissé l'armée dans l'état où elle s'est trouvée ?

Certainement, je ne crois point être dans le cas de reproche à cet égard, attendu qu'à l'époque où j'ai quitté le ministère, l'armée française étoit sur un pied respectable.

Etoit-ce pour la mettre sur un pied respectable que vous avez licencié plus de trente mille patriotes qui s'y trouvoient, en leur faisant distribuer des cartouches jaunes ; à l'effet d'effrayer par cet exemple les défenseurs de la patrie, et les empêcher de se livrer aux élans du patriotisme et à l'amour de la liberté ?

R. Ceci est étranger, pour ainsi dire, au ministre. Le licenciement des soldats ne le regarde pas, ce sont les chefs des différens corps qui se mêlent de cette partie là.

Mais vous, ministre, vous deviez vous faire rendre compte de pareilles opérations par les chefs des corps, afin de savoir qui avoit tort ou raison.

R. Je ne crois pas qu'aucun soldat puisse être dans le cas de se plaindre de moi.

Le témoin Labénette demande à énoncer un fait. Il déclare qu'il est un de ceux qui ont été honorés par Latour-du-Pin, d'une cartouche jaune, signée de sa main, et cela, parce qu'au régiment dans lequel il servoit, il démasquoit l'aristocratie de messieurs les muscadins qui y étoient en grand nombre, sous la dénomination d'état-major. Il observe que lui, déposant, étoit bas-officier, et que le témoin se rappellera peut-être de son nom, qui est *Clair-voyant*, caporal au régiment de......

Latour-du-Pin. Monsieur, je n'ai jamais entendu parler de vous.

· *Le président.* L'accusée, à l'époque de votre ministère, ne vous a-t-elle pas engagé à lui remettre l'état exact de l'armée française ?

R. Oui.

Vous a-t-elle dit quel usage elle en vouloit faire ?

R. Non.

Où est votre fils ?

· *R.* Il est dans une terre près Bordeaux, ou dans Bordeaux.

· *Le président à l'accusée.* Lorsque vous avez demandé au témoin l'état des armées, n'étoit-ce point pour la faire passer au roi de Bohême et de Hongrie ?

R. Comme cela étoit public, il n'étoit pas besoin que je lui en fisse passer l'état, les papiers publics auroient pu assez l'en instruire.

Quel étoit donc le motif qui vous faisoit demander cet état ?

R. Comme le bruit couroit que l'assemblée vouloit qu'il y eût des changemens dans l'armée, je désirois savoir l'état des régimens qui seroient supprimés.

N'aviez-vous pas abusé de l'influence que vous aviez sur votre époux, pour en tirer des bons sur le trésor public ?

R. Jamais.

· Où avez - vous donc pris l'argent avec lequel vous avez fait construire et meubler le petit Trianon, dans lequel vous donniez des fêtes, dont vous étiez toujours la déesse?

R. C'étoit un fonds que l'on avoit destiné à cet effet.

Il falloit que ce fonds fût conséquent, car le petit Trianon doit avoir coûté des sommes énormes?

R. Il est possible que le Petit-Trianon ait coûté des sommes immenses, peut-être plus que je n'aurois désiré; on avoit été entraîné dans les dépenses peu-à-peu; du reste je désire plus que personne que l'on soit instruit de ce qui s'y est passé.

· N'est-ce pas au Petit-Trianon que vous avez connu pour la première fois la femme Lamotte?

R. Je ne l'ai jamais vue.

N'a-t-elle pas été votre victime dans l'affaire du fameux collier ?

R. Elle n'a pu l'être, puisque je ne la connoissois pas.

Vous persistez donc à nier que vous l'ayez connue?

R. Mon plan n'est pas la dénégation, c'est la vérité que j'ai dite et que je persisterai à dire.

N'étoit-ce pas vous qui faisiez nommer les ministres et autres aux places civiles et militaires?

R. Non.

N'aviez-vous pas une liste des personnes que vous désiriez placer, avec des notes encadrées sous verre?

R. Non.

N'avez-vous pas forcé différens ministres à accepter pour les places vacantes, les personnes que vous leur désigniez?

R. Non.

N'avez-vous pas forcé les ministres des finances de vous délivrer des fonds, et sur ce que quelques-uns d'entre eux s'y sont refusés, ne les avez-vous pas menacés de toute votre indignation ?

R. Jamais.

N'avez - vous pas sollicité Vergennes à faire passer six millions au roi de Bohême et de Hongrie?

R. Non.

On entend un autre témoin.

Jean-François Mathey, concierge de la tour du Temple, dépose qu'à l'occasion d'une chanson, dont le refrain est : *Ah? il s'en souviendra du retour de Varennes*, il avoit dit à Louis-Charles Capet : t'en souviens-tu, du retour de Varennes ? Ah ! oui, dit-il, je m'en souviens bien ; que, lui ayant demandé ensuite comment on s'y étoit pris pour l'emmener, il répondit qu'il avoit été emporté de son lit où il dormoit, et qu'on l'avoit habillé en fille, en lui disant : viens à Montmédy.

Le président au témoin. N'avez-vous point remarqué pendant votre séjour au temple, la familiarité qui régnoit entre quelques membres de la commune et les détenus ?

R. Oui. J'ai même un jour entendu Toulan dire à l'accusée, à l'occasion des nouvelles élections faites pour l'organisation de la municipalité définitive : madame, je ne suis point renommé, parce que je suis Gascon. Il a remarqué que Lépître et Toulan venoient souvent ensemble ; qu'ils montoient tout de suite, en disant : montons toujours, nous attendrons nos collègues là-haut. Il a vu un autre jour Jobert remettre à l'accusée des médaillons en cire : la fille Capet en laissa tomber un qui se cassa. Le déposant entre ensuite dans les détails de l'histoire du chapeau trouvé dans la cassette d'Elisabeth, etc.

L'accusée. J'observe que les médaillons dont parle le témoin étoient au nombre de trois ; que celui qui tomba et fut cassé, étoit le portrait de Voltaire ; que les deux autres représentoient, l'un Médée, et l'autre des fleurs.

Le président à l'accusée. N'avez-vous point donné une boîte d'or à Toulan ?

R. Non, ni à Toulan, ni à d'autres.

Le témoin Hébert observe qu'un officier de paix lui est venu apporter au parquet de la commune une dénonciation, signée de deux commis du bureau des impositions, dont Toulan étoit chef, qui annonçoit ce fait de la manière la plus claire, en prouvant qu'il s'en étoit vanté lui-même dans le bureau : cela fut renvoyé à l'administration de police, nonobstant les réclamations de Chaumette et de lui déposant, qui n'en a plus entendu parler depuis.

On entend un autre témoin.

Jean-Baptiste Olivier-Garnerin, ci-devant secrétaire de la commission des vingt-quatre, dépose qu'ayant été chargé de faire l'énumération et le dépouillement

des papiers trouvés chez Septeuil, il a vu parmi lesdits
papiers un bon d'environ 80,000 liv., signé *Antoinette*,
au profit de la ci-devant Polignac, avec un billet relatif
au nommé Lazaille, une autre pièce qui attestoit que
l'accusée avoit vendu ses diamans, pour faire passer
des fonds aux émigrés français. Le déposant observe
qu'il a remis dans le temps toutes lesdites pièces entre
les mains de Valazé, membre de la commission, chargé
alors de dresser l'acte d'accusation contre Louis Capet,
mais que ce ne fut pas sans étonnement que lui déposant apprit que Valazé, dans le rapport qu'il avoit fait
à la convention nationale, n'avoit pas parlé des pièces
signées, *Marie-Antoinette*.

Le président à l'accusée. Avez-vous quelques observations à faire sur la déposition du témoin ?

R. Je persiste à dire que je n'ai jamais fait de bons ?
Connoissez-vous le nommé Lazaille ?

R. Oui.

Comment le connoissez-vous ?

R. Je le connois pour un officier de marine, et pour
l'avoir vu à Versailles se présenter à la cour comme
les autres.

Le témoin. J'observe que les pièces dont j'ai parlé,
ont été, après la dissolution de la commission des
vingt-quatre, transportés au comité de sureté générale,
où elles doivent être en ce moment, attendu qu'ayant,
ces jours derniers, rencontré deux de mes collègues,
ci-devant employés comme moi à la commission des
vingt-quatre, nous parlâmes du procès qui alloit s'instruire
à ce tribunal contre Marie - Antoinette ; je leur demandai
s'ils savoient ce que pouvoient être devenues les pièces
dont est question, ils me repondirent qu'elles avoient
été déposées au comité de sûreté générale, où ils sont
en ce moment l'un et l'autre employés.

Le témoin Tisset invite le président à vouloir bien
interpeller le citoyen Garnerin de déclarer, s'il ne se
rappelle pas avoir également vu, parmi les papiers trouvés
chez Septeuil, des titres d'acquisition en sucre, café,
blé, etc. etc. montant à la somme de deux millions,
dont quinze cents mille livres avoient déjà été payées, et
s'il ne sait pas aussi que ces titres, quelques jours
après, ne se sont plus retrouvés.

Le président au témoin. Citoyen, vous venez d'entendre l'interpellation, voudriez-vous bien y répondre ?

Garnerin.. Je n'ai aucune connoissance de ce fait. Je sais néanmoins qu'il y avoit dans toute la France, des préposés chargés de titres pour faire des accaparemens immenses, à l'effet de procurer un surhaussement considérable dans le prix des denrées, pour dégoûter, par ce moyen, le peuple, de la révolution et de la liberté, et par suite le forcer à redemander lui-même des fers.

Le président a l'accusée. Avez-vous connoissance des accaparemens immenses des denrées de première nécessité, qui se faisoient par ordre de la cour, pour affamer le peuple & le contraindre à redemander l'ancien ordre de choses, si favorable aux tyrans et à leurs infâmes agens, qui l'ont tenu sous le joug pendant quatorze cents ans ?

R. Je n'ai aucune connoissance qu'il ait été fait des accaparemens.

On entend un autre témoin.

Charles-Eléonore Dufriche-Valazé, propriétaire, ci-devant député à la convention nationale, dépose que, parmi les papiers trouvés chez Septeuil, et qui ont servi, ainsi que d'autres, à dresser l'acte d'accusation contre feu Louis Capet, et à la rédaction duquel il a coopéré, comme membre de la commission des vingt-un, il en a remarqué deux qui avoient rapport à l'accusée. Le premier étoit un bon, ou plutôt une quittance signée d'elle, pour une somme de quinze ou vingt mille livres, autant qu'il peut s'en rappeler ; l'autre pièce est une lettre, dans laquelle le ministre prie le roi de vouloir bien communiquer à Marie-Antoinette le plan de campagne qu'il avoit eu l'honneur de lui présenter.

Le président à Valazé. Pourquoi n'avez-vous point parlé desdites pièces dans le rapport que vous avez fait à la convention ?

R. Je n'en ai point parlé, parce que je n'ai pas cru qu'il fût utile de citer dans le procès de Capet une quittance d'Antoinette.

N'avez-vous point été membre de la commission des vingt-quatre ?

R. Oui.

Savez-vous ce que ces deux pièces peuvent être devenues ?

R. Les pièces qui ont servi à dresser l'acte d'accusation de Louis Capet, ont été réclamées par la commune de Paris, attendu qu'il composoit des charges contre plusieurs individus , soupçonnés d'avoir voulu compromettre plusieurs membres de la convention, pour en obtenir des décrets favorables à Louis Capet. Je crois qu'aujourd'hui toutes ces pièces doivent être rétablies au comité de sûreté générale de la convention.

Le président à l'accusée. Qu'avez-vous à répondre à la déposition du témoin ?

R. Je ne connois ni le bon, ni la lettre dont il parle.

L'accusateur public. Il paroît prouvé, nonobstant les dénégations que vous faites , que , par votre influence , vous faisiez faire au ci-devant roi votre époux tout ce que vous désiriez.

R. Il y a loin de conseiller de faire une chose à la faire exécuter.

Vous voyez qu'il résulte de la déclaration du témoin, que les ministres connoissoient si bien l'influence que vous aviez sur Louis Capet, que l'un d'eux l'invite à vous faire part du plan de campagne qui lui avoit été présenté quelques jours avant , d'où il s'ensuit que vous avez disposé de son caractère foible , pour lui faire exécuter de bien mauvaises choses ; car en supposant que de vos avis il n'ait suivi que les meilleurs , vous avouerez qu'il n'étoit pas possible d'user de plus mauvais moyens pour conduire la France au bord de l'abîme, qui a manqué de l'engloutir.

R. Jamais je ne lui ai connu le caractère dont vous parlez.

On entend un autre témoin.

Nicolas Lebœuf, instituteur, ci-devant officier municipal , proteste ne rien connoître des faits relatifs à l'acte d'accusation ; car , ajoute-t-il , si je m'étois apperçu de quelque chose, j'en aurois rendu compte.

Le président au témoin. N'avez-vous jamais eu de conversation avec Louis Capet ?

R. Non.

N'avez-vous pas, étant de service au temple, conversé sur les affaires politiques, avec vos collègues et les détenus ?

R. J'ai causé avec mes collègues, mais nous ne parlions pas d'affaires politiques.

Avez-vous

Avez-vous souvent adressé la parole à Louis-Charles Capet?

R. Jamais.

N'avez-vous pas proposé de lui donner à lire le nouveau Télémaque?

R. Non.

N'avez-vous pas manifesté le désir d'être son instituteur?

R. Jamais.

N'avez-vous pas témoigné du regret de voir cet enfant prisonnier?

R. Non.

L'accusée interpellée de déclarer si elle n'a pas eu de conversation particulière avec le témoin, répond que jamais elle ne lui a parlé.

On entend un autre témoin.

Augustin-Germain Jobert, officier municipal et administrateur de police, déclare ne connoître aucun des faits portés en l'acte d'accusation.

Le président au témoin. N'avez-vous pas eu, pendant le temps de votre service au temple, des conférences avec l'accusée?

R. Jamais.

Ne lui avez-vous pas fait voir un jour quelque chose de curieux?

R. J'ai à la vérité montré à la veuve Capet et à sa fille des médaillons en cire, dits camées; c'étoient des allégories à la révolution.

Parmi ces médaillons, n'y avoit-il pas un portrait d'homme?

R. Je ne le crois pas.

Par exemple, le portrait de Voltaire.

R. Oui : d'ailleurs j'ai chez moi environ quatre mille de ces sortes d'ouvrages.

Pourquoi, parmi ces ouvrages, se trouvoit-il le portrait de Médée? vouliez-vous en faire quelque allusion à l'accusée?

R. Le hazard seul l'a voulu; j'en ai tant : ce sont des ouvrages Anglais, dont je fais commerce : j'en vends aux négocians.

Avez-vous connoissance que de temps en temps on enfermât le petit Capet, pendant que vous et d'autres administrateurs, aviez des entretiens particuliers avec l'accusée?

K k

R. Je n'ai aucune connoissance de ce fait.

Vous persistez donc à dire que vous n'avez point eu d'entretien particulier avec l'accusée ?

R. Oui.

Le président à l'accusée. Persistez - vous à dire que vous n'avez pas eu d'entretiens, au Temple , avec les deux derniers témoins ?

R. Oui.

Soutenez-vous également que Bailly et Lafayette n'étoient pas les cooperateurs de votre fuite , dans la nuit du 20 au 21 juin 1791 ?

R. Oui.

Je vous observe que , sur ces faits, vous vous trouvez en contradiction avec la déclaration de votre fils.

R. Il est bien aisé de faire dire à un enfant de huit ans tout ce que l'on veut.

Mais on ne s'est pas contenté d'une seule déclaration, on l'a lui a fait répéter plusieurs fois et à diverses reprises : il a toujours dit de même.

R. Eh bien ! je nie le fait.

Depuis votre détention au Temple , ne vous êtes-vous pas fait peindre ?

R. Oui , je l'ai été en pastel.

Ne vous êtes-vous pas enfermée avec le peintre , et ne vous êtes-vous pas servie de ce prétexte pour recevoir des nouvelles de ce qui se passoit dans les assemblées législative et conventionnelle ?

R. Non.

Comment nommez-vous ce peintre ?

R. C'est Coëstier , peintre polonais, établi depuis plus de vingt ans à Paris.

Où demeure-t-il ?

R. Rue du Cocq-St.-Honoré.

On entend un autre témoin.

Antoine-François Moyle , ci-devant suppléant du procureur de la commune , auprès des tribunaux de police municipale et correctionnelle , dépose que , de trois fois qu'il a été de service au Temple , il l'a été une fois près de Louis Capet , et les deux autres près des femmes : il n'a rien remarqué , sinon l'attention ordinaire aux femmes , de fixer un homme que l'on voit pour la première fois ; il y retourna de nouveau , en mars dernier : on y jouoit à différens jeux ; les détenues

venoient quelquefois regarder jouer, mais elles ne par-
loient pas; enfin, il proteste d'ailleurs n'avoir jamais eu
aucune intimité avec l'accusée pendant son service au
Temple.

Le président à l'accusée. Avez-vous quelques observations à faire sur la déposition du témoin?

R. L'observation que j'ai à faire, est que je n'ai jamais
eu de conversation avec le déposant.

Un autre témoin est entendu.

Renée Sévin, femme Chaumette, dépose connoître
l'accusée depuis six ans, lui ayant été attachée en qualité de sous-femme-de-chambre; mais qu'elle ne connoît
aucun des faits portés en l'acte d'accusation, si ce n'est
que, le 10 août, elle a vu le roi faire la revue des gardes-
suisses : voilà tout ce qu'elle dit savoir.

Le président à la témoin. Etiez-vous au château, à
l'époque du départ pour Varennes?

R. Oui, mais je n'en ai rien su.

Dans quelle partie du château couchiez-vous?

R. A l'extrémité du pavillon de Flore.

Avez-vous, dans la nuit du 9 au 10, entendu sonner le
tocsin et battre la générale?

R. Non : je couchois sous les toits.

Comment ! vous couchiez sous les toits, et vous n'avez
point entendu le tocsin?

R. Non, j'étois malade.

Et par quel hasard vous êtes-vous trouvée présente à
la revue royale?

R. J'étois sur pied depuis six heures du matin.

Comment ! vous étiez malade, et vous vous levez à
six heures?

R. C'est que j'avois entendu du bruit.

Au moment de la revue, avez-vous entendu crier, vive
le roi, vive la reine?

R. J'ai entendu crier vive le roi, d'un côté, et de
l'autre, vive la nation.

Aviez-vous vu, la veille, les rassemblemens extraor-
dinaires des gardes-suisses, et des scélérats qui en avoient
pris l'habit?

R. Je ne suis pas, ce jour-là, descendue dans la
cour.

Et pour prendre vos repas, il falloit bien que vous
descendiez?

R. Je ne sortois pas, un domestique m'apportoit à manger.

Mais, au moins, ce domestique a dû vous faire part de ce qui se passoit?

R. Je ne tenois jamais de conversation avec lui.

Il paroît que vous avez passé votre vie à la cour, et que vous y avez appris l'art de dissimuler. Comment nommez-vous la femme qui avoit soin des dentelles de l'accusée?

R. Je ne la connois pas : j'ai seulement entendu parler d'une dame Couet, qui raccommodoit la dentelle, et faisoit la toilette des enfans.

Sur l'indication faite par la témoin, de la demeure de ladite femme Couet, l'accusateur public requiert, et le tribunal ordonne, qu'il sera à l'instant décerné contre elle un mandat d'amener.

On continue l'audition des témoins.

Jean-Baptiste Vincent, entrepreneur maçon, dépose avoir fait son service au Temple, en sa qualité de membre du conseil-général de la commune, mais qu'il n'a jamais eu de conférence avec l'accusée.

Nicolas-Marie-Jean Beugnot, architecte et membre de la commune, dépose, qu'appelé par ses collègues à la surveillance des prisonniers du Temple, il ne s'est jamais oublié au point d'avoir des conférences avec les détenues, encore moins avec l'accusée.

Le président au témoin. N'avez-vous pas fait enfermer dans une tourelle, le petit Capet et sa sœur, pendant que vous et quelques-uns de vos collègues teniez conversation avec l'accusée?

R. Non.

N'avez-vous pas procuré les moyens de savoir des nouvelles, par le moyen des colporteurs?

R. Non.

Avez-vous entendu dire que l'accusée avoit gratifié Toulan d'une boëte d'or?

R. Non.

L'accusée. Je n'ai jamais eu aucun entretien avec le déposant.

On entend un autre témoin.

François Daugé, administrateur de police, dépose avoir été un grand nombre de fois de service au Temple, mais que, dans aucuns temps, il n'a eu, ni dû avoir de conférences, ni d'entretiens particuliers avec les détenus.

Le président au témoin. N'avez-vous jamais tenu le jeune Capet sur vos genoux ? Ne lui avez-vous pas dit : « Je voudrois vous voir à la place de votre père ?»

R. Non.

Depuis que l'accusée est détenue à la Conciergerie, n'avez-vous pas procuré à plusieurs de vos amis l'entrée de sa prison ?

R. Non.

Avez-vous ouï parler qu'il y ait eu du monde d'introduit dans la Conciergerie ?

R. Non.

Quelle est votre opinion sur l'accusée ?

R. Si elle est coupable, elle doit être jugée.

La croyez-vous patriote ?

R. Non.

Croyez-vous qu'elle veuille la république ?

R. Non.

On passe à un autre témoin.

Jean-Baptiste Michonis, limonadier, membre de la commune du 10 août, et administrateur de police, dépose qu'il connoît l'accusée pour l'avoir, avec ses collègues, transféré, le 2 août dernier, du Temple à la Conciergerie.

Le président au témoin. N'avez-vous pas procuré à quelqu'un l'entrée de la chambre de l'accusée, depuis qu'elle est à cette prison ?

R. Pardonnez-moi, je l'ai procuré à un nommé Giroux, maître de pension, faubourg Saint-Denis ; à un autre de mes amis, peintre, au citoyen......, administrateur des domaines, et à un autre de mes amis.

Vous l'avez sans doute procurée à d'autres personnes ?

R. Voici le fait, car je dois et veux dire ici toute la vérité. Le jour de la Saint-Pierre, m'étant trouvé chez un sieur Fontaine, où il y avoit une bonne compagnie, notamment trois ou quatre députés à la convention ; parmi les autres convives, se trouvoit la citoyenne Tilleul, laquelle invita le citoyen Fontaine à venir faire la Magdeleine chez elle, à Vaugirard ; elle ajouta : le citoyen Michonis ne sera pas de trop ; lui ayant demandé d'où elle pouvoit me connoître, elle répondit qu'elle m'avoit vu à la mairie, où des affaires l'appeloient. Le jour indiqué étant arrivé, je me rendis à Vaugirard ; je trouvai une compagnie nombreuse. Après le repas, la conversation étant tombée sur le chapitre des prisons, on parla de la Conciergerie, en disant : la veuve Capet est là ; on dit qu'elle est bien changée, que ses cheveux sont tous blancs. Je répondis qu'à la vérité ses cheveux commençoient à grisonner, mais qu'elle se portoit bien. Un citoyen, qui se trouvoit là, manifesta le desir de la voir ; je lui promis de le contenter, ce que je fis. Le lendemain, la Richard me dit : connoissez-vous la personne que vous avez amenée hier ? lui ayant répondu que je ne le connoissois que pour l'avoir vu chez un de mes amis ; eh bien ! me dit-elle, on dit que c'est un ci-devant chevalier de St.-Louis ; en même-temps, elle me remit un petit morceau de papier écrit, ou du moins, piqué avec la pointe d'une épingle ; alors, je lui répondis : je vous jure que jamais je n'y mènerai personne.

Le président au témoin. N'avez-vous point fait part à l'accusée que vos fonctions venoient de finir à la commune ?

R. Oui, je lui ai tenu ce discours-là.

Que vous a répondu l'accusée ?

R. Elle m'a dit : On ne vous verra donc plus ? Je répondis : Madame, je reste municipal, et pourrai vous voir de temps en temps.

Comment avez-vous pu, vous, administrateur de police, au mépris des réglemens, introduire un inconnu auprès de l'accusée ; vous ignoriez donc qu'un grand nombre d'intrigans mettaient tout en usage pour séduire les administrateurs ?

R. Ce n'est point lui qui m'a demandé à voir la veuve Capet, c'est moi qui le lui ai offert.

Combien avez-vous dîné de fois avec lui ?

R. Deux fois.

Quel est le nom de ce particulier ?

R. Je l'ignore.

Combien vous a-t-il promis, ou donné, pour avoir la satisfaction de voir Antoinette ?

R. Je n'ai jamais reçu aucune rétribution.

Pendant qu'il étoit dans la chambre de l'accusée, ne lui avez-vous vu faire aucun geste ?

R. Non.

Ne l'avez-vous point revu depuis?

R. Je ne l'ai vu qu'une seule fois.

Pourquoi ne l'avez-vous point fait arrêter?

R. J'avoue que c'est une double faute que j'ai faite, à cet égard.

Un juré. Citoyen président, je dois vous observer que la femme Tilleul vient d'être arrêtée, comme suspecte et contre-révolutionnaire.

Un autre témoin est entendu.

Pierre-Edouard Bernier, médecin, déclare connoître l'accusée depuis quatorze ou quinze ans, ayant été depuis ce temps le médecin de ses enfans.

Le président au témoin. N'étiez-vous pas, en 1789, le médecin des enfans de Louis Capet; et, en cette qualité, n'avez-vous pas entendu parler, à la cour, quelle étoit la cause, à cette époque, du rassemblement extraordinaire de troupes, qui eut lieu, tant à Versailles qu'à Paris?

R. Non.

Le témoin Hébert observe, sur l'interpellation qui lui est faite, que, dans les journées qui ont suivi le 10 août, la commune républicaine fut paralysée par les astuces de Manuel et de Pétion, qui s'opposèrent à ce que la table des détenues fût rendue plus frugale, et à ce que la valetaille fût chassée, sous le faux prétexte qu'il étoit de la dignité du peuple que les prisonniers ne manquassent de rien. Le déposant ajoute que Bernier, témoin présent, étoit souvent au Temple, dans les premiers jours de la détention de la famille Capet; mais que ses fréquentes visites l'avoient rendu suspect, surtout, dès que l'on se fut apperçu qu'il n'approchoit des enfans de l'accusée qu'avec toutes les bassesses de l'ancien régime.

Le témoin assure que, de sa part, ce n'étoit que bienséance, et non bassesse.

Claude-Denis Tavernier, ci-devant lieutenant à la suite de l'état-major, dépose, qu'étant de garde dans la nuit du 20 au 21 juin 1791, il a vu venir, dans la soirée, Lafayette, lequel parla plusieurs fois à la Jarre et à la Colombe; vers deux heures après minuit, il a vu passer, sur le pont dit royal, la voiture de Lafayette; enfin, il a vu ce dernier changer de couleur, lorsque l'on apprit que la famille Capet avoit été arrêtée à Varennes.

K k 4

Jean-Maurice-François Lebrasse, lieutenant de gendarmerie, à la suite des tribunaux, déclare connoître l'accusée depuis quatre ans : il n'a aucune connoissance des faits contenus en l'acte d'accusation, sinon, que se trouvant de service près de la maison d'arrêt, dite la Conciergerie, la veille du jour où les députés, Amar et Sévestre, vinrent interroger la veuve Capet, un gendarme lui avoit fait part de la scène de l'œillet, il s'étoit empressé de demander une prompte instruction de cette affaire, ce qui a eu lieu.

Joseph Boze, peintre, déclare connoître l'accusée depuis environ huit ans, qu'il peignit à cette époque le ci-devant roi ; mais ne lui a jamais parlé. Le témoin entre ici dans les détails d'un projet de réconciliation entre le peuple et le ci-devant roi, par l'intermédiaire de Thierry, valet-de-chambre de Louis Capet.

L'accusée tire de sa poche un papier, et le remet à l'un de ses défenseurs.

L'accusateur public interpelle Antoinette de déclarer quel est l'écrit qu'elle vient de remettre.

R. Hébert a dit ce matin que dans nos hardes et souliers on nous faisoit passer des correspondances ; j'avois écrit, dans la crainte de l'oublier, que toutes nos hardes et effets étoient visités lorsqu'ils parvenoient près de nous, que cette surveillance s'exerçoit par les administrateurs de police.

Hébert observe à son tour, qu'il n'a été fondé à faire cette déclaration, que parce que la fourniture des souliers étoit considérable, puisqu'elle se montoit à quatorze et quinze paires par mois.

Didier Jourdheuil, huissier, déclare qu'au mois de septembre 1792, il a trouvé une liasse de papiers chez d'Affry, dans laquelle étoit une lettre d'Antoinette qu'elle écrivoit à celui-ci ; elle lui marquoit ces mots : « peut-on compter sur vos Suisses, feront-ils bonne contenance lorsqu'il en sera tems ? »

L'accusée. Je n'ai jamais écrit à d'Affry.

L'accusateur public observe que l'année dernière, se trouvant directeur du juré d'accusation, près le tribunal du 17 août, il fut chargé de l'instruction des procès de d'Affry et Cazotte ; qu'il se rappelle très-bien avoir vu la lettre dont parle le témoin, mais la faction de Roland étant parvenue à faire supprimer le tribunal, en a fait enlever les papiers ; au moyen d'un décret qu'ils escamotèrent , nonobstant les réclamations de tous les bons républicains.

Le président à l'accusée. Quels sont les papiers qui ont été brûlés à la manufacture de Sèves ?

R. Je crois que c'étoit un libelle ; au reste on ne m'a pas consulté pour cet effet , on me l'a dit après.

Comment se peut-il faire que vous ignorassiez ce fait ; c'étoit Riston qui fut chargé de la négociation de cette affaire ?

R. Je n'ai jamais entendu parler de Riston , et persiste à dire que je n'ai pas connu la Lamotte ; si l'on m'avoit consultée , je me serois opposée à ce que l'on brûlât un écrit qui étoit contre moi.

On entend un autre témoin.

Pierre Fontaine , marchand de bois , déclare ne connoître aucun des faits portés en l'acte d'accusation, ne connoissant l'accusée que de réputation , et n'ayant jamais eu aucun rapport avec la ci-devant cour.

Le président au témoin. Depuis combien de temps connoissiez-vous Michonis ?

R. Depuis environ quatorze ans.

Combien a-t-il été dîner de fois chez vous ?

R. Trois fois.

Comment nommez-vous le particulier qui a dîné chez vous avec Michonis ?

R. On l'appelle de Rougy. C'est un particulier dont les manières ni le ton ne me revenoient pas ; il avoit été amené par la dame Dutilleul.

D'où connoissez-vous ladite femme Dutilleul ?

R. Je l'ai rencontrée un soir avec une autre femme sur le boulevard ; nous tînmes conversation , et fûmes prendre une tasse de café ensemble ; depuis ce temps elle est venue chez moi plusieurs fois.

Ne vous a-t-elle point fait quelque confidence ?

R. Jamais.

Quels sont les noms des députés , qui se sont trouvés avec de Rougy et Michonis ?

R. Il n'y en avoit qu'un.

Comment le nommez-vous ?

R. Sautereau , député de la Nièvre à la convention , et deux autres commissaires envoyés par les assemblées primaires du même département, pour apporter leur acte d'acceptation de la constitution.

Quels sont leurs noms ?

R. C'est Balendror, curé de Beaumont, et Paulmier, également du même département.

Savez-vous ce que peut être devenu Rougy ?

R. Non.

Un autre témoin est entendu.

Michel Gointre, employé au bureau de la guerre, dépose avoir lu attentivement l'acte d'accusation, et avoir été étrangement surpris de ne point y voir l'article de la complicité des faux assignats de Passy. Polverel, accusateur public près le tribunal du premier arrondissement, q i avoit été chargé de la poursuite de cette affaire, étant venu à l barre de l'assemblée constituante, pour rendre compte de l'état où se trouvoit la procédure, annonça qu'il lui étoit impossible d'aller plus loin, à moins que l'assemblée ne décrétât qu'il n'y avoit que le roi d'inviolable.

Cette conduite donna lieu à lui déposant de soupçonner qu'il n'y avoit que l'accusée dont Polverel vouloit parler, attendu qu'il ne pouvoit y avoir qu'elle dans le cas de fournir les fonds nécessaires à une entreprise aussi considérable.

Le témoin Tisset. Citoyen président, je voudrois que l'accusée fût interpellée de déclarer, si elle n'a pas fait avoir la croix de St. Louis et un brevet de capitaine au nommé Laregnie ?

R. Je ne connois personne de ce nom.

N'avez-vous pas fait nommer Collot de Verrière, capitaine des gardes du ci-devant roi ?

R. Oui.

N'est-ce pas vous qui avez procuré au nommé Pariseau, du service dans la ci-devant garde du ci-devant roi ?

R. Non.

Vous avez tellement influencé l'organisation de la ci-devant garde royale, qu'elle ne fut composée que d'individus contre lesquels s'élevoit l'opinion publique ; et en effet, les patriotes pouvoient-ils voir sans inquiétude le chef de la nation entouré d'une garde, où figuroient des prêtres insermentés, des chevaliers du poignard, etc. Heureusement votre politique fut en défaut ; leur conduite anti-civique, leurs sentimens contre-révolutionnaires forcèrent l'assemblée législative à les licencier, et Louis Capet, après cette opération, les solda, pour ainsi dire, jusqu'au 10 août, où il fut renversé à son tour.

Lors de votre mariage avec Louis Capet , n'avez-vous pas conçu le projet de réunir la Lorraine à l'Autriche ?

R. Non.

Vous en portez le nom.

R. Parce qu'il faut porter le nom de son pays.

N'avez-vous pas, après l'affaire de Nancy, écrit à Bouillé pour le féliciter de ce qu'il avoit fait massacrer dans cette ville , sept à huit mille patriotes ?

R. Je ne lui ai jamais écrit.

Ne vous êtes-vous pas occupée à sonder l'esprit des départemens, districts et municipalités ?

R. Non.

L'accusateur public observe à l'accusée , que l'on a trouvé dans son secrétaire une pièce , qui atteste ce fait de la manière la plus précise, et dans laquelle se trouvent inscrits en tête les noms des Vaublanc , des Jaucourt, etc. etc.

Lecture est faite de ladite pièce ; l'accusée persiste à dire qu'elle ne se rappelle pas avoir rien écrit dans ce genre.

Le témoin. Je désirerois, citoyen président , que l'accusée fût interpellée de déclarer , si le même jour que le peuple fit l'honneur à son mari de le décorer du bonnet rouge, il ne fut pas tenu un conciliabule nocturne dans le château, où l'on délibéra de perdre la ville de Paris , et s'il ne fut pas aussi décidé que l'on feroit composer des placards , dans le sens royaliste , par le nommé Esménard , rue Plâtrière.

R. Je ne connois point ce nom-là.

N'avez-vous pas , le 9 août 1792 , donné votre main à baiser à Tassin de l'Etang , capitaine de la force armée des filles St. Thomas , en disant à son bataillon : vous êtes de braves gens, qui êtes dans les bons principes , je compte toujours sur vous ?

R. Non.

Pourquoi , vous qui aviez promis d'élever vos enfans dans les principes de la révolution, ne leur avez-vous inculqué que des erreurs , en traitant, par exemple, votre fils avec des égards, qui sembloient faire croire que vous pensiez encore à le voir un jour le successeur du ci-devant roi son père ?

R. Il étoit trop jeune pour lui parler de cela. Je le faisois mettre au bout de la table , & lui donnois moi-même ce dont il avoit besoin.

Ne vous reste-t-il plus rien à ajouter pour votre défense?

R. Hier je ne connoissois pas les témoins ; j'ignorois ce qu'ils alloient déposer contre moi : eh bien , personne n'a articulé contre moi aucun fait positif. Je finis en observant que je n'étois que la femme de Louis XVI, et qu'il falloit bien que je me conformasse à ses volontés ?

Le président annonce que les débats sont terminés.

Fouquier, accusateur public, prend la parole , et est entendu : il retrace la conduite perverse de la ci-devant cour , ses machinations continuelles contre une liberté qui lui déplaisoit, et dont elle vouloit voir la destruction à tel prix que ce fût , ses efforts pour allumer la guerre civile , afin d'en faire tourner le résultat à son profit , en s'appropriant cette maxime machiavélique , *diviser pour régner*, ses liaisons criminelles et coupables avec les puissances étrangères , avec lesquelles la république est en guerre ouverte ; ses intimités avec une faction scélérate , qui lui étoit dévouée , & qui secondoit ses vues , en entretenant dans le sein de la convention les haines et les dissentions , en employant tous les moyens possibles pour perdre Paris , en armant les départemens contre cette cité , et en calomniant sans cesse les généreux habitans de cette ville , mère et conservatrice de la liberté ; les massacres exécutés par les ordres de cette cour corrompue dans les principales villes de France , notamment à Montauban , Nismes , Arles , Nancy , au Champ-de-Mars , etc. etc. Il regarde Antoinette comme l'ennemie déclarée de la nation Française, comme une des principales instigatrices des troubles qui ont eu lieu en France depuis quatre ans , et dont des milliers de Français ont été les victimes , etc. etc.

On entend dans le plus grand silence Chauveau et Tronçon-Ducoudray, nommés d'office par le tribunal pour défendre Antoinette ; ils s'acquittent de ce devoir avec autant de zèle que d'éloquence.

Herman , président du tribunal, prend la parole , et prononce le résumé suivant :

Cɪᴛᴏʏᴇɴs Jᴜʀés,

Le peuple français, par l'organe de l'accusateur public , a accusé devant le jury national Marie-Antoinette d'Autriche, veuve de Louis Capet , d'avoir été la complice , ou plutôt l'instigatrice de la plupart des crimes dont s'est rendu coupable ce dernier tyran de la France ; d'avoir eu elle-même des intelligences avec les puissances étrangères, notamment avec le roi de Bohême et de Hongrie, son frère, avec les ci - devant princes français émigrés, avec des généraux perfides ; d'avoir fourni à ces ennemis de la république des secours en argent, et d'avoir conspiré avec eux contre la sûreté extérieure et intérieure de l'etat.

Un grand exemple est donné en ce jour à l'univers, et sans doute il ne sera point perdu pour les peuples qui l'habitent. La nature et la raison si long-temps outragées, sont enfin satisfaites, l'égalité triomphe.

Une femme qu'environnoient naguère tous les prestiges les plus brillans, que l'orgueil des rois et la bassesse des esclaves avoient pu inventer, occupe aujourd'hui au tribunal de la nation la place qu'occupoit il y a deux jours une autre femme, et cette égalité lui assure une justice impartiale. Cette affaire, citoyens-jurés, n'est pas de celles où un seul fait ; un seul délit est soumis à votre conscience et à vos lumières ; vous avez à juger toute la vie politique de l'accusée, depuis qu'elle est venue s'asseoir à côté du dernier roi des Français ; mais vous devez sur-tout fixer votre délibération sur les manœuvres qu'elle n'a cessé un instant d'employer pour détruire la liberté naissante, soit dans l'intérieur, par ses liaisons intimes avec d'infâmes ministres, de perfides généraux, d'infidèles représentans du peuple ; soit au dehors, en faisant négocier cette coalition monstrueuse des despotes de l'Europe, à laquelle l'histoire réserve le ridicule pour son impuissance ; enfin par ses correspondances avec les ci-devant princes français émigrés, et leurs dignes agens.

Si l'on eût voulu de tous ces faits une preuve orale, il eût fallu faire comparoître l'accusée devant tout le peuple français ; la preuve matérielle se trouve dans les papiers qui ont été saisis chez Louis Capet, énumérés dans un rapport fait à la convention nationale par Gohier, l'un de ses membres, dans le recueil des pièces justificatives de l'acte d'accusation porté contre Louis Capet par la convention ; enfin, et principalement, citoyens-jurés, dans les événemens politiques dont vous avez tous été les témoins et les juges.

Et s'il eût été permis, en remplissant un ministère impassible, de se livrer à des mouvemens que la passion de l'humanité commandoit, nous eussions évoqué

devant le jury national les mânes de nos frères égorgés
à Nancy, au Champ de Mars, aux Frontières, à la
Vendée, à Marseille, à Lyon, à Toulon, par suite
des machinations infernales de cette moderne Médicis,
nous eussions fait amener devant vous les pères, les
mères, les épouses, les enfans de ces malheureux
patriotes. Que dis je ? malheureux ! ils sont morts pour
la liberté, et fidèles à leur patrie. Toutes ces familles
éplorées, et dans le désespoir de la nature, auroient
accusé Antoinette de leur avoir enlevé ce qu'ils avoient
de plus cher au monde, et dont la privation leur rend
la vie insupportable. Et en effet, si les satellites du
despote Autrichien ont entamé pour un moment nos
frontières, et s'ils y commettent des atrocités, dont
l'histoire des peuples barbares ne fournit point encore
d'exemple; si nos ports, si nos camps, si nos villes,
sont vendus ou livrés, n'est-ce pas évidemment le dernier résultat des manœuvres combinées au château des
Tuileries, et dont Antoinette d'Autriche étoit l'instigatrice et le centre. Ce sont, citoyens jurés, tous ces
évènemens politiques qui forment la masse des preuves
qui accablent Antoinette.

Quant aux déclarations qui ont été faites dans l'instruction de ce procès, et aux débats qui ont eu lieu,
il est résulté quelques faits qui viennent directement à
la preuve de l'accusation principale portée contre la
veuve Capet. Tous les autres détails, faits pour
servir à l'histoire de la révolution, ou au procès de
quelques personnages fameux, et de quelques fonc-
tionnaires publics infidèles, disparoissent devant l'accusation de haute trahison qui pèse essentiellement sur
Antoinette d'Autriche, veuve du ci-devant roi.

Il est une observation générale à recueillir, c'est
que l'accusée est convenue qu'elle avoit la confiance
de Louis Capet.

Il résulte encore de la déclaration de Valazé, qu'Antoinette étoit consultée dans les affaires politiques,
puisque le ci-devant roi vouloit qu'elle fût consultée
sur un certain plan, dont le témoin n'a pu ou voulu
dire l'objet.

L'un des témoins, dont la précision et l'ingénuité
ont été remarquables, vous a déclaré que le ci-devant
duc de Coigny lui avoit dit en 1788, qu'Antoinette

avoit fait passer à l'empereur son frere 200 millions,
pour lui aider à soutenir la guerre qu'il faisoit alors.

Depuis la révolution, un bon de 63 à 80,000 liv.
signé *Antoinette*, et tiré sur Septeuil, a été donné à
la Polignac, alors émigrée, et une lettre de Laporte
recommandoit à Septeuil de ne point laisser la moindre
trace de ce don.

Lecointre de Versailles vous a dit, comme témoin
oculaire, que, depuis l'année 1779, des sommes énormes avoient été dépensées à la cour, pour des fêtes
dont Marie-Antoinette étoit toujours la déesse.

Le premier octobre, un repas, ou plutôt une orgie
est ménagée entre les gardes-du-corps et les officiers
du régiment de Flandres, que la cour avoit appellé
à Versailles, pour servir ses projets. Antoinette y
paroît avec le ci-devant roi et le dauphin, qu'elle
promène sur les tables ; les convives crient : vive le
roi ! vive la reine ! vive le dauphin! au diable la nation !
Le résultat de cette orgie est que l'on foule au pieds
la cocarde tricolore, et l'on arbore la cocarde blanche.

L'un des premiers jours d'octobre, le même témoin
monte au château, il voit dans la galerie des femmes
attachées à l'accusée, distribuant des cocardes blanches,
en disant à chacun de ceux qui avoient la bassesse
de les recevoir : *conservez-la bien ;* et ces esclaves
mettant un genou en terre, baisoient ce signe odieux,
qui devoit faire couler le sang du peuple.

Lors du voyage connu sous le nom de *Varennes ,*
c'est l'accusée qui, de son aveu, a ouvert les portes
pour la sortie du château; c'est elle qui a fait sortir
la famille.

Au retour du voyage et à la descente de la voiture,
l'on a observé sur le visage d'Antoinette et dans ses
mouvemens, le désir le plus marqué de vengeance.

Le 10 août, où les suisses du château ont osé tirer
sur le peuple, l'on a vu sous le lit d'Antoinette, des
bouteilles vides et pleines. Un autre témoin a dit avoir
connoissance que les jours qui ont précédé cette journée, les suisses ont été *régalés ,* pour me servir de
son expression, et ce témoin habitoit le château.

Quelques-uns des suisses expirans dans cette journée,
ont déclaré avoir reçu de l'argent d'une femme, et plusieurs personnes ont attesté qu'au procès de d'Affry

il est établi qu'Antoinette lui a demandé, à l'époque du 10 août, s'il pouvoit répondre de ses suisses. Pouvons-nous, écrivoit Antoinette à d'Affry, compter sur vos suisses ? feront-ils bonne contenance lorsqu'il en sera tems ?

Les personnes qui, par devoir de surveillance, fréquentoient le Temple, ont toujours remarqué dans Antoinette un ton de révolte contre la souveraineté du peuple. Elles ont saisi une image représentant un cœur, et cette image est un signe de ralliement, dont presque tous les contre-révolutionnaires, que la vengeance nationale a pu atteindre, étoient porteurs.

Après la mort du tyran, Antoinette suivoit au Temple, à l'égard de son fils, toute l'étiquette de l'ancienne cour. Le fils de Capet étoit traité en roi. Il avoit dans tous les détails de la vie domestique, la préséance sur sa mère. A table il tenoit le haut-bout, il étoit servi le premier.

Je ne vous parlerai point, citoyens jurés, de l'incident de la conciergerie, de l'entrevue du chevalier de S. Louis, de l'œillet laissé dans l'appartement de l'accusé, du papier piqueté donné ou plutôt préparé en réponse. Cet incident n'est qu'une intrigue de prison, qui ne peut figurer dans une accusation d'un si grand intérêt.

Je finis par une réflexion générale que j'ai déjà eu occasion de vous présenter. C'est le peuple français qui accuse Antoinette, tous les évènemens politiques qui ont eu lieu depuis cinq années, déposent contre elle.

Voici les questions que le tribunal a arrêté de vous soumettre :

1°. Est-il constant qu'il ait existé des manœuvres et intelligences avec les puissances étrangères et autres ennemis extérieurs de la république ; lesdites manœuvres et intelligences tendant à leur fournir des secours en argent, à leur donner l'entrée du territoire français, et à y faciliter le progrès de leurs armes ?

2°. Marie Antoinette d'Autriche, veuve de Louis Capet, est-elle convaincue d'avoir coopéré aux manœuvres, et d'avoir entretenu ces intelligences ?

3°. Est-il constant qu'il ait existé un complot et conspiration tendant à allumer la guerre civile dans l'intérieur de la république ?

4°.

4°. Marie-Antoinette d'Autriche, veuve de Louis Capet, est-elle convaincue d'avoir participé à ce complot et conspiration?

Les jurés, après avoir resté environ une heure aux opinions, rentrent à l'audience et font une déclaration affirmative sur toutes les questions qui leur ont été soumises.

Le président prononce au peuple le discours suivant :

Si ce n'étoit pas des hommes libres , et qui par conséquent sentent toute la dignité de leur être , qui remplissent l'auditoire, je devrois peut-être leur rappeller qu'au moment où la justice nationale va prononcer la loi, la raison, la moralité , leur commandent le plus grand calme; que la loi leur défend tout signe d'approbation, et qu'une personne, de quelques crimes qu'elle soit couverte, une fois atteinte par la loi, n'appartient plus qu'au malheur et à l'humanité.

L'accusée est amenée à l'audience.

Le président à l'accusée; Antoinette, voilà qu'elle est la déclaration du jury.

On en donne lecture.

Vous allez entendre le réquisitoire de l'accusateur public.

Fouquier prend la parole et requiert que l'accusée soit condamnée à la peine de mort , conformément à l'article premier de la première section du titre premier de la deuxième partie du code pénal , lequel est ainsi conçu :

« Toute manœuvre, toute intelligence avec les enne-
» mis de la France, tendant soit à faciliter leur entrée
» dans les dépendances de l'empire français ; soit à
» leur livrer des villes, forteresses, ports, vaisseaux ,
» magasins ou arsenaux appartenant à la France , soit
» à leur fournir des secours en soldats, argent , vi-
» vres ou munitions, soit à favoriser d'une manière
» quelconque le progrès de leurs armes sur le territoire
» français, ou contre nos forces de terre ou de mer,
» soit à ébranler la fidélité des officiers , soldats et des
» autres citoyens envers la nation française, seront
» punis de mort ».

Et encore à l'article II de la première section du titre premier de la seconde partie du même code , lequel est ainsi conçu :

» Toutes conspirations et complots tendant à troubler
» l'état par une guerre civile, en armant les citoyens
» les uns contre les autres, ou contre l'exercice de l'au-
» torité légitime, seront punis de mort. »

Le président interpelle l'accusée de déclarer si elle a
quelques réclamations à faire sur l'application des lois
invoquées par l'accusateur public ; Antoinette secoue la
tête en signe de négative. Sur la même interpellation,
faite aux défenseurs, Tronçon prend la parole et dit :
Citoyen président, la déclaration du jury étant précise,
et la loi formelle à cet égard, j'annonce que mon ministère, à l'égard de la veuve Capet, est terminé.

Le président recueille les opinions de ses collègues, et
prononce le jugement suivant :

Le tribunal, d'après la déclaration unanime du jury,
faisant droit sur le réquisitoire de l'accusateur public,
d'après les lois par lui citées, condamne ladite Marie-
Antoinette, dite Lorraine d'Autriche, veuve de Louis
Capet, à la peine de mort ; déclare, conformément à la
loi du 10 mars dernier, ses biens, si aucuns elle a
dans l'étendue du territoire français, acquis et confisqués
au profit de la république ; ordonne, qu'à la requête de
l'accusateur public, le présent jugement sera exécuté sur
la place de la révolution, imprimé et affiché dans toute
l'étendue de la république.

NOMS DES REINES DE FRANCE

Comprises dans l'Histoire des crimes des Reines, et des concubines des Rois.

9 782329 607245